# 图解易经

任犀然◎编译

民主与建设出版社
·北京·

© 民主与建设出版社，2024

**图书在版编目（CIP）数据**

图解易经 / 任犀然编译 . –– 北京：民主与建设出
版社，2024.2
    ISBN 978-7-5139-4522-6

    Ⅰ. ①图… Ⅱ. ①任… Ⅲ. ①《周易》—图解 Ⅳ.
① B221.2

    中国国家版本馆 CIP 数据核字（2024）第 049862 号

**图解易经**

TUJIE YIJING

| | | |
|---|---|---|
| 编　　译 | 任犀然 | |
| 责任编辑 | 郝　平 | |
| 封面设计 | 冬　凡 | |
| 出版发行 | 民主与建设出版社有限责任公司 | |
| 电　　话 | （010）59417747　59419778 | |
| 社　　址 | 北京市海淀区西三环中路 10 号望海楼 E 座 7 层 | |
| 邮　　编 | 100142 | |
| 印　　刷 | 三河市万龙印装有限公司 | |
| 版　　次 | 2024 年 2 月第 1 版 | |
| 印　　次 | 2024 年 3 月第 1 次印刷 | |
| 开　　本 | 720mm×1020mm　1/16 | |
| 印　　张 | 18 | |
| 字　　数 | 129 千字 | |
| 书　　号 | ISBN 978-7-5139-4522-6 | |
| 定　　价 | 55.00 元 | |

注：如有印、装质量问题，请与出版社联系。

# 前言

《易经》也称《周易》，约形成于西周初年，原本是筮（shì）占用的工具书。这种人类文明轴心期产生的经典，正如其他文化元典一样具有跨越时空的力量。其中寄寓着的深邃哲学原理的思维方法，使得《易经》生发和影响了整个中国文化。中国传统文化的六经及所有天文、地理、数学、历法、中医、体育、文学、艺术、建筑、军事等无不与《易经》有着密切的联系。它还是历代智者进德修业和安身立命的宝典。太极世界，宇宙乾坤、阴阳变化……理解自然宇宙，生生不息，厚德载物，天下之事，无平不陂，无往不复，亢龙有悔，物极则反……认识人生、社会；谦受益，满招损，终日乾乾，革故鼎新。六十四卦中蕴藏着博大精深的智慧。

《易经》是古人的占筮记录，成为一种文明的智慧之源，又成为体系完备的哲理经典——至今也是不可思议的未解之谜。

《易经》让人心如明镜，让人对世界上的万事万物、千奇百怪的现象都看得清、想得明，不再陷于困惑之中，不再经常有惊奇或是愤慨。《易经》讲透了万事万物的道理，一切都在变，没有什么是不可能发生的；但变是有规律的，一切发生的事都是可以预测、可以把握的。所以孔子说，五十岁以后读《易》，就可以少犯错误，他重视的是理性的智慧，他很少谈到性和命。

《易经》是洁静精微的学说。我们知道，莲藕生长在淤泥之中，可莲花却洁净美丽，生活的现实红尘滚滚，但生活的真理却洁静精微。《易经》帮助我们在人世的泥泞之中找出洁静的真理，在浮躁的社会现象中呈现精微的智慧。《易经》六十四卦，可以视为社会、人生中的六十四种变化现象，代表了世界万事万象的典型，它们喻示了特定的时间、特定的环境条件下的自然、社会、人生的规律，并提出了相应的解决问题的对策。

"朝乾夕惕""自强不息"，这是人生励志基本的原则；"柔顺含弘""厚德载物"，这是为人处世得人心、致长远的品德。"作事谋始"，提醒人们做事要慎初，真的谨慎就是"履虎尾"也能平安。做大事必须广泛团结，"同人于野"，成大功必须"顺乎天而应乎人"。要想无往而不利（六爻皆吉），就要记住低调做人"卑以自牧"，有功而不居（劳谦）。要想生活幸福，就必须从"富家"做起，而想 "富家"就先要"言有物而行有恒"，把专长的行业做到底。凡事要想得开，明白万事"无平不陂，无往不复"。

《易经》出现两千多年了，但是它的一句句箴言、一条条对策，好像是针对我们眼前的问题写的，好像是先人为我们预先配下的一把把打开问题之门的金钥匙。

# 目录

## 上篇　学习《易经》的门径

## 下篇　《易经》图解

# 学习《易经》的门径

上篇

# 两 仪

天为阳　　　　　　　　太极生两仪　　　　　　　地为阴

阳爻　　　　　　　　　　　　　　　　　　　阴爻

　　两仪指具有阴阳对立与并存性质的两种因素或事物。其所指天地、男女、昼夜等，或说为阴阳、或说为奇偶、或说为刚柔、或说为乾坤，总之是说宇宙间一切可以二分的事物。

　　《易·系辞上》："是故易有太极，是生两仪。"两仪一般意义上就可以理解为阴阳，且阴中有阳，阳中有阴。阳用"——"表示，称"阳爻"；阴用"— —"表示，称阴爻。

日为阳，月为阴。

　　《庄子·天下》明确指出"易以道阴阳"。《易经》把世界所有事物及其性质、状态概括为阴和阳两类，表明世界是由阴阳两种物象构成的，喻示了自然界和人类社会中的一切刚柔事物，体现了"阴阳二气"交感消长、互相对立而又相互依存的关系。

　　宋代朱熹说，天地之间，去观察任何事物，没有一个没有阴阳现象的，万物的一动一静，人的一作一息，都含阴阳的至理。

男为阳，女为阴。

　　自然的阴阳：

　　天为阳，地为阴。日为阳，月为阴。

　　昼为阳，夜为阴。明为阳，暗为阴。

　　我们再来看阴阳与地理：

　　在我国的地名中有一个约定俗成的称法：

君子为阳。

小人为阴。

山之南，水之北为阳，如洛阳，即洛水之北；山之北，水之南为阴，如华阴就是华山的北部。

阴阳与人事：男为阳，女为阴。君子为阳，小人为阴。

阴阳与其他：上为阳，下为阴。动为阳，静为阴。

人们往往把人的性格分别称为"阳刚"与"阴柔"。

《易经》六十四卦共有384爻，其中阳爻192，阴爻192，分别喻示着自然和社会的一切阴阳和刚柔现象，演示着万事万物的发展情状。

# 四象

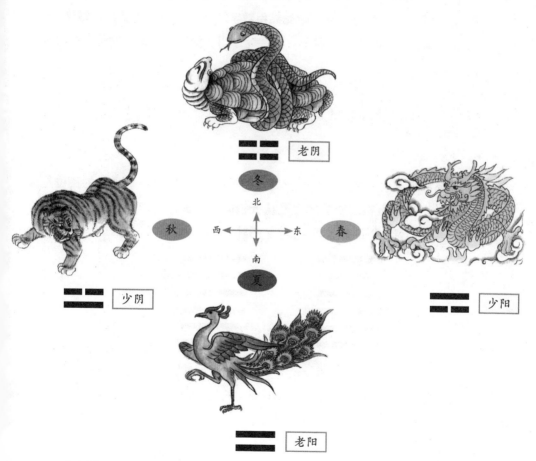

四象是指阴阳消长的四个特征，分别是老阳☰、老阴☷、少阳☳、少阴☶。少

阳、老阳、少阴、老阴四象分别代表春、夏、秋、冬和东、南、西、北。望、朔、上弦、下弦，青龙、白虎、玄武、朱雀也经常被称为四象。四象是《易经》中由阴阳到八卦的中间环节和过渡性事物。

# 爻、爻象、爻位

## 爻

六十四卦的每一卦都有六层线条，这些线条称为"爻"，音 yáo，《说文解字》解释"爻"，就是相交。如果把万事万物的无穷信息比喻成一个无边的网，那么一个"爻"就是网上的一个交叉点。**阳爻都用数字"九"代表，阴爻都用数字"六"代表**。阳爻象征日、天、男子、君子、刚健等；阴爻象征月、地、女子、阴柔等。

## 爻象

六爻相交成卦，其所表示的事物形象、形迹称为爻象。

## 爻位

六十四卦每卦有六个爻，六个爻分处六个等级，称"爻位"。**六爻的爻位是自下而上排列的，象征事物发展的规律是从低级向高级进行**。这些不同等级的爻位都有专称，就是爻名，下面举《乾》《坤》两卦为例：

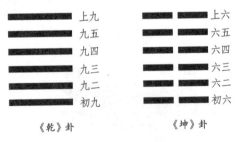

《乾》卦　　　　　《坤》卦

爻位表现了一切事物自低而高、自小及大的发展变化规律，也表现了空间的天、地、人和时间的过去、现在、未来。

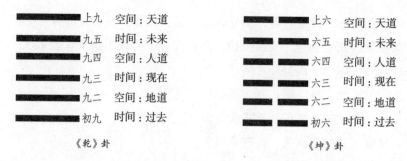

《乾》卦　　　　　　　　　　　《坤》卦

　　爻位还可以象征事物发展过程中所处的贵贱、先后的地位和阶段，以古代社会地位为喻，**初为庶民，二为士人，三为大夫，四为公侯，五为天子，上为已离职的太上皇。**

　　六爻一卦，下三爻称"**下卦**"，又称"**内卦**"；上三爻称"**上卦**"，又称"**外卦**"。

　　八卦符号由阴阳爻画三叠而成。前人告诉我们，上画象征天，下画象征地，中画象征人，天、地、人即为"三才"。而在重卦中，则以上、五两爻象征天，初、二两爻象征地，三、四两爻象征人，亦具"三才"之义，别称"三材"。

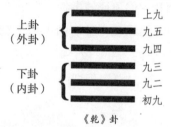

《乾》卦

# 卦、卦名、卦象

　　卦，有单卦和重卦之分。由三个爻重叠组成的称为单卦或小成卦，如：

《乾》卦

　　由六个爻重叠组成的卦称为重卦，或大成卦，又称复卦，如：

《乾》卦

每一卦都有名称，就是卦名，如乾、坎、艮、震等。每一卦都有象征和寓意作用，如乾象征天，寓意为健；艮象征山，寓意为止；震表示雷；坎表示水；等等。单卦有八种，称为"八卦"。

八卦是：乾、坎、艮、震、巽、离、坤、兑。

乾☰象征天　　坎☵象征水　　艮☶象征山

震☳象征雷　　巽☴象征风　　离☲象征火

坤☷象征地　　兑☱象征泽

# 八卦取象

八卦的取象——天、地、水、火、风、雷、山、泽。天和地，一上一下，一阴一阳，水和火，一个往上升，一个往下流；风和雷都是运动之象，山和泽是静止之象。风和雷一刚一柔，山泽一凸一凹。风和雷在天，山和泽在地；风雷中有电火明灭，山泽之中有水气沉浮。八卦错综变化，构成这个生机勃勃、多彩多姿的世界。

再对比一下八卦的卦画和它们象征的事物，也令人觉得十分微妙：由三个阴爻组成的"坤"，极像虚怀若谷，厚积、重负的大地之德；"离"如同火焰，刚中有柔；"坎"恰似水流，柔中带刚；"巽"像是晴空下流动的风；"震"像是载着雨水的雷；"艮"像山，外干而内湿；"兑"像湖泊一样，下干而上润。

乾☰象征天　　　坎☵象征水　　　艮☶象征山　　　震☳象征雷

巽☴象征风　　　离☲象征火　　　坤☷象征地　　　兑☱象征泽

# 六十四卦

八卦两两相重，排列组合而成六十四卦，这六十四卦卦名有三种情形：

第一，自相重叠而成的卦，名称不变。例如：乾☰与乾☰上下重叠而成䷀，仍称"乾"。坤☷与坤☷上下重叠而成䷁，仍称"坤"。以此类推，兑上兑下䷹仍称"兑"；离上离下䷝，仍称"离"；坎上坎下䷜，仍称"坎"。

第二，异卦上下重叠而成的卦，卦名多取卦爻辞中有代表性的。如：坎下艮上，而成䷃，称为《蒙》卦。

第三，以现象或事理命名的卦，卦名不见于卦爻辞，如："大有""中学""既济"等。

清楚八卦的象征，便能熟练背诵经的《八卦取象歌》和《卦名次序歌》。

宋代朱熹在《周易本义》一书中有一首《八卦取象歌》和一首《卦名次序歌》：

## 八卦取象歌

☰乾三连，☷坤六断；
☳震仰盂，☶艮覆碗；
☲离中虚，☵坎中满；
☱兑上缺，☴巽下断。

## 卦名次序歌

乾坤屯蒙需讼师，比小畜兮履泰否。
同人大有谦豫随，蛊临观兮噬嗑贲。
剥复无妄大畜颐，大过坎离三十备。
咸恒遁兮及大壮，晋与明夷家人睽。
蹇解损益夬姤萃，升困井革鼎震继。
艮渐归妹丰旅巽，兑涣节兮中孚至。
小过既济兼未济，是为下经三十四。

# 卦序

卦序是指卦象的排列次序。八卦排列方式有两种，一种是按乾、坤、震、巽、坎、离、艮、兑的顺序排列，称为"文王八卦次序"，又称**"后天八卦次序"**；另一种是按乾、兑、离、震、巽、坎、艮、坤的顺序排列，称为"伏羲八卦次序"，又称**"先天八卦次序"**。

今本六十四卦的排列次序从《乾》《坤》两卦开始，到《既济》《未济》卦终结。

八卦的卦序称为：乾一、兑二、离三、震四、巽五、坎六、艮七、坤八。

六十四卦卦序称为：乾卦第一、坤卦第二……未济卦第六十四。

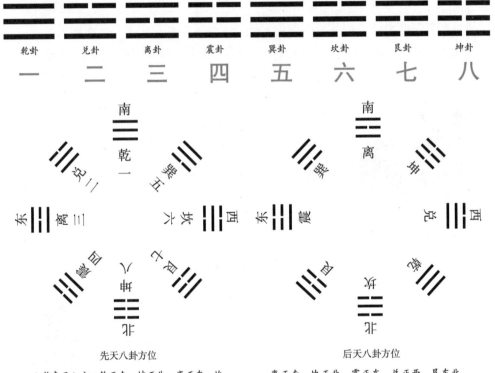

| 乾卦 | 兑卦 | 离卦 | 震卦 | 巽卦 | 坎卦 | 艮卦 | 坤卦 |
| 一 | 二 | 三 | 四 | 五 | 六 | 七 | 八 |

先天八卦方位

八卦表示八方，乾正南，坤正北，离正东，坎正西，震东北，兑东南，艮西北，巽西南。这种方位排列称"先天八卦方位"，又称"伏羲八卦方位"。

后天八卦方位

离正南，坎正北，震正东，兑正西，艮东北，巽东南，乾西北，坤西南。这种方位排列称"后天八卦方位"，又称"文王八卦方位"。

# 卦象与卦德

卦象的符号是一定的，如单卦☰、☷，重卦䷀、䷁等，但是每卦的象征物除了天、地、风、雷等，还可以是具有相近属性的各种事物。象征物为"卦象"，象征意义即属性，称为"卦德"。例如：乾卦象征天，"天行健，君子以自强不息"就是乾卦的卦德；坤卦象征地，"地势坤，君子以厚德载物"就是坤卦的卦德。

## 卦象与卦德表

| 卦画 | 卦名 | 象征自然 | 象征人 | 象征动物 | 象征方位 | 象征人体 | 卦德 |
|---|---|---|---|---|---|---|---|
| ☰ | 乾 | 天 | 父 | 马 | 西北 | 首 | 健 |
| ☷ | 坤 | 地 | 母 | 牛 | 西南 | 腹 | 顺 |
| ☳ | 震 | 雷 | 长男 | 龙 | 东 | 足 | 动 |
| ☴ | 巽 | 风 | 长女 | 鸡 | 东南 | 股 | 入 |
| ☵ | 坎 | 水 | 中男 | 豕 | 北 | 耳 | 陷 |
| ☲ | 离 | 火 | 中女 | 雉 | 南 | 目 | 附 |
| ☶ | 艮 | 山 | 少男 | 狗 | 东北 | 手 | 止 |
| ☱ | 兑 | 泽 | 少女 | 羊 | 西 | 口 | 悦 |

# 《易经》中的爻位占断

## 当位与不当位

卦象六爻的位次有奇、偶之分，即阴、阳之别。初、三、五是**奇位**，也就是**阳位**；二、四、上为**偶位**，也就是**阴位**。阳爻居阳位，阴爻居阴位，都称为**当位**，又称**"得位"**。古人认为，得位之爻象征事物发展符合规律或人处在相宜的地位、环境，具有发展前途。

阳爻居阴位，或阴爻居阳位，称为**不当位**，又称**"失正""不得位"**。如咸卦，六二、上六两爻为阴爻居阴位，所以是当位；而初六爻是阴爻居阳位，故失正。不当位之爻象征事物发展背离正道、违反规律或是人处在不相宜的地位和环境。

阴位 ━━　━━ 上六 ⇐ 当位
阳位 ━━━━━ 九五 ⇐ 当位
阴位 ━━━━━ 九四
阳位 ━━━━━ 九三 ⇐ 当位
阴位 ━━　━━ 六二 ⇐ 当位
阳位 ━━━━━ 初六

《咸》卦

《咸》卦，六二、上六两爻为阴爻居阴位，所以是当位；九三、九五两爻为阳爻居阳位，也是当位。

在《易经》中，得位之爻多吉利，失位之爻多不吉利，但也不是绝对如此，要看具体情况的变化。当位时要注意守正防凶，不当位时要努力趋正求吉。

# 中、中正

中国文化推崇"中"，《易经》即十分典型地强调"中"的思想。

六爻的二爻和五爻分别居下卦之中和上卦之中，这都称为中位。爻处中位谓之**"得中""居中"**，简言为**"中"**。中位象征着人和事物坚持中道，不偏不倚，无过无不及，恰到好处。得中优于得正，故《易经》中二爻、五爻多吉利之象。

**刚指阳，柔指阴**。凡是阳爻居中位，谓之刚中，象征具有刚健而适中之德；阴爻居中位，谓之柔中，象征具有柔顺而适中之德。

上九
九五
九四
九三
九二
初九

《乾》卦

如《乾》卦，九二、九五两爻得中，而且九五阳爻处于阳位，既"中"且"正"，这在《易经》爻中是最美善的象征。

阴爻居二位，阳爻居五位，既得**"中"**又得**"正"**，称为**"中正"**。在《易经》中，中正之爻尤为善美，象征事物发展到最佳状态，具备最为良好的发展条件。

李光地《周易折中·义例》云："刚柔中正不中正之谓德。刚柔各有善不善，时当用刚，则以刚为善也；时当用柔，则以柔为善也。唯中与正，则无有不善者。然正尤不如中之善，故程子曰：'正未必中，中则无不正也。'六爻当位者未必皆吉，而二五之中，则吉者独多，以此故尔。"

# 本卦、变卦和变爻、静卦

占筮最初时所得到的卦即为**本卦**，或称**正卦、原卦**，古人也叫**贞卦**。如《左传·庄公二十二年》记载："周史有以《周易》见陈侯者，陈侯使筮之，遇《观》之《否》。"陈侯最初所得观卦即为本卦。

**变卦**又称**"之卦""动卦"**，指一个卦因一爻或多爻的爻动爻性发生变化而成为另一个卦象。例如，乾卦，九二爻由阳性变阴性，即变为同人卦。如《左传·闵公元年》记载："毕万筮仕于晋，遇《屯》之《比》。"比卦即为屯卦的变卦。

**变爻**也称为**"动爻"**，指占筮所得的本卦中具有可变的爻，或称老阳爻、老阴爻。某一爻或几爻由阳变阴，或由阴变阳，卦象也随之改变，即为变卦。例如，屯变比，就是因初九爻由阳变阴而成，初九爻即为变爻。

如果所占得卦象中没有变爻，各爻都是静止不动的，就是**静卦**。

## 错卦

把一个卦的各个爻的阴阳性质反转过来（阴变阳，阳变阴）求得的卦就是**错卦**。错卦又称为"**对卦**"，也称"**旁通**"。《易经》六十四卦中根据旁通关系排列在一起的卦有：乾☰与坤☷、颐☶与大过☱，坎☵与离☲，中孚☵与小过☶。

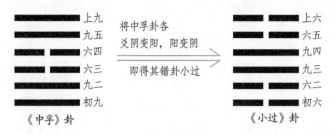

将中孚卦各
爻阴变阳，阳变阴
即得其错卦小过

《中孚》卦　　　　　　　　《小过》卦

## 综卦

**别卦**的卦象从下到上颠倒过来，成为另一个卦象，称为**综卦**，又称"**覆卦**""**反卦**"。例如，屯卦☳，倒过来即为蒙的卦象☶；泰卦☰，倒过来即为否的卦象☷，反之亦然。《易经》六十四卦中共有二十八对覆卦，也就是说有五十六个卦可以颠倒过来成为另外一个卦象。由于两卦卦象互为颠倒关系，所以覆卦又叫反对之象、反卦。卦象"反对"之卦在《易经》六十四卦中均两两相邻而排在一起。

综卦的简单识别方法是：先看到一个卦象，然后到对面（身体转180度）再看这个卦象就是综卦了。

《否》卦　　　　　　《泰》卦

## 互卦

一个卦除初爻和上爻外，取其二爻、三爻、四爻组成一个单卦做内卦，称为"**下互**"，再取三爻、四爻、五爻组成一个外卦，称为"**上互**"。也就是说，六爻之间，除初爻、上爻外，中四爻又有相连互交的卦包含其间，称为"**互卦**"。以《屯》卦（☳）为例：

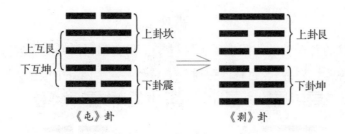

## 卦主

《易经》六十四卦的每卦六爻中，有为主之爻，即一卦中构成一卦特征或决定一卦吉凶大义的主爻。例如，复卦 ䷗ 六爻，初九为卦主；乾卦 ䷀ 六爻，九五为卦主；坤卦 ䷁ 六爻，六二为卦主。此类情形，前人或称为主卦之主。成卦之主、主卦之主都可以有两爻，如泰卦 ䷊ 六爻中，九二、六五两爻既是成卦之主，也是主卦之主。六十四卦的《象传》中一般揭示出卦主所在。

李光地《周易折中·义例》云："凡所谓卦主者，有成卦之主焉，有主卦之主焉。成卦之主，则卦之所由以成者。无论位之高下，德之善恶，若卦义因之而起，则皆得为卦主也。主卦之主，必皆德之善，而得时、得位者为之，故取于五位者为多，而它爻亦间取焉。其成卦之主，即为主卦之主，必其德之善，而兼得时位者也。"

## 两爻的承、乘、比、应

在六爻的相互关系中，由于各个爻的位次、距离和性质的不同，会出现承、乘、比、应等不同的情形。

凡是下爻紧靠着上爻时称为"**承**"，就是以下承上，指的是下者对上的关系，有承受、顺从之意，主要讲的是阴爻上承阳爻的情况。此时，阴阳"当位"之爻相承多吉，"不当位"之爻相承多凶。

凡是上爻凌驾下爻叫作"**乘**"，一般指阴爻位于阳爻之上的情形。阴乘阳，象征小人欺凌君子，女子凌驾于男子之上。乘刚的阴爻多不吉利。

"**比**"是指两爻相邻的关系。如初爻与二爻比，二爻与三爻比，三爻与四爻比，四爻与五爻比，五爻与上爻比。两爻相比，象征着事物之间的相互联系和影响。两爻相比有时也有"承"和"乘"的情形。

"**应**"是指六爻之间处在**下卦的三爻**与处在**上卦的三爻**两两交感对应。对应的两爻，如果是一阴一阳，可以两相交感，称为"有应"；如果对应的两爻都是阴爻或都是阳爻，就无法交感，称为"无应"。

**乘**

阴爻位于阳爻之上，称为"乘"，象征小人欺凌君子，女子凌驾男子，爻义往往不吉。

**比**

两爻相邻称为"比"，象征事物处在邻近环境中的作用与反作用，可通过两爻的"承""乘"关系加以分析。

**承**

阴爻位于阳爻之下，称为"承"，象征卑微者（柔顺者）顺承尊高者（刚强者）。

**应**

"应"是指六爻之间处在下卦的三爻与处在上卦的三爻两两交感对应。象征着事物之间的和谐、统一与矛盾、对立的运动规律。

# 《易经》中的占断之辞

"吉"字，其义为"好"，为"善"，为"得"，总之是吉祥的。但是在《易经》中，一种行为的结果是否"吉"，通常是因时、因人、因事而异。吉的表现形式有"吉""中吉""贞吉""大吉"等。

"利"字，其义为有利、宜于、利于等。"利"主要是提示人们怎样做好，怎样做没有好处。利的表现形式有"利""无不利""利见大人""利涉大川"等。

吉

利

"吝"字，其义为艰难、痛惜、遗憾等。在《易经》爻辞中有"吝"字，一般都是警示之义，如果不能因警示而自省自新，就会"自吉而向凶"。吝的表现形式有"吝""往吝""终吝"等。

"**悔**"字，其义为悔恨。悔恨往往是过失或困厄引起的，《易经》中警示人们"悔"而能"改"，如果能改就能"悔自凶而趋吉"。

"**咎**"字，其义为灾害，比悔重，较凶轻，悔乃较小之困厄，凶乃巨大之祸殃。在《易经》中出现的"咎"字很多，但多数以"无咎"而终，这是因为"无咎者，善补过也"。

"**厉**"字，其义为危险。在《易经》爻辞中，"厉"字提示人们要避开危险，或是用正确的方法面对危险。

"**凶**"字，其义为凶险、祸殃。在《易经》中"凶"字是有特定情况的。如果因时、因地、因人谨慎自警，多数是可以避免的。

《易经》六十四卦中，始终有一个基本原则，就是万事万物都在变化。"吉"和"凶"也是在互相转化的，多自强，多警惕自己，朝乾夕惕，就能逢凶化吉；如果放纵自己，不求上进，随波逐流，那么即使是吉利的处境，也会转化为凶险。

由吝至悔，所处境遇愈来愈凶险。

《易》中多凶少吉，体现了深刻的忧患意识。

吝　悔　咎　厉　凶

# 要学《易》，先学筮

《易经》原本是卜筮之书，我们现在学习《易经》是要学习它的哲学思想，但如果真的要读懂《易经》，还必须要了解《易》筮的方法和原理。所以前人说，要学《易》，先学筮。

春秋时期的历史文献记载了很多筮例，那时的筮法是非常讲究的。现在我们就来讲解这最古老也最标准的筮法，这种筮法有一套完整的"筮仪"。

## 筮仪详解

**第一步**，取出筒里的 50 根蓍草，然后用右手拿过一根蓍草不用，以象征乾坤还没分开时天地混沌状态的太极。（见图 1）

**第二步**，把余下来的 49 根蓍草随意分成两把，左手右手各握一把，左手的象征天，右手的象征地。（见图 2）

**第三步**，从右手中抽出蓍草 1 根，把它夹在左手小指和无名指之间，以象征人。（见图 3）

**第四步**，用右手计算左手里的蓍草。为了象征四季，必须 4 根 4 根地数，数到最后 4 根或少于 4 根时，夹在左手无名指和中指之间，用以象征闰月。（见图 4）注意，这样数完以后，左手里的蓍草（除去左手小指和无名指之间象征人的那根）或余 1 根，或余两三根，或余 4 根。

**第五步**，接着数右手放下来的蓍草，也是每次数 4 根，直到最后 4 根或少于 4 根时，拿起来夹在左手中指和食指之间（见图 5）。注意，这样数完以后，右手原先的蓍草或余 1 根，或余两三根，或余 4 根。这时候，原先左右两手所剩的蓍草，若左手余 1 根，右手则必余 3 根；左手余 2 根，右手则必余 2 根；左手余 3 根，右手则必余 1 根；左手余 4 根，右手也必余 4 根。

**第六步**，左手小指夹的一根象征人的蓍草，加上刚才左右手余下来夹进左手无名指、中指、食指之间的蓍草，如果不是九，就是五。以上是第一变。这就是《系辞传上》所说的"揲（shé）之以四以象四时，归奇于扐（lè）以象闰"，至此，"分二""挂一""揲之以四""归奇"四个动作——"四营"——完成。（见图 6）

**第七步**，把左手所夹的所有蓍草取下合在一起，放于一旁。这时候，所剩下的蓍草不是 40 根就是 44 根，然后用与第一变同样的方法，把剩下的 40 根或 44 根蓍草分别握进左右手。与第一次时一样，从右手中随意取一根蓍草夹在左手小指和无名指之间，再将左右两手的蓍草分别以 4 为除数取余。这时候，取得的余数，若左手余 1 根，则右手必余 2 根；左手余 2 根，则右手必余 1 根；左手余 3 根，则右手必余 4 根；左手余 4 根，右手必余 3 根。这是第二变。（见图 7）

**第八步**，把第二变余下来的 8 根或 4 根蓍草除掉（包含左手小指和无名指之间象征人的那根），然后用与第一变、第二变同样的方法数，剩下来的分夹在左手各指间的蓍草，也是 8 根或 4 根（包含左手小指和无名指之间象征人的那根）。这是第三变。（见图 8）

经过三变，除去三变的余数4或者8，将会出现四种情况：1.余36根；2.余32根；3.余28根；4.余24根。将此余数再用4整除，会得到六、七、八、九四个不同的结果。六是老阴，七是少阳，八是少阴，九是老阳。三变得一爻，六爻则需要十八变。举例来说，假设我们依次算出了从第一爻到第六爻分别是八、八、六、九、八、八（《豫》卦），也就是少阴、少阴、老阴、老阳、少阴、少阴。这里就涉及《易经》的一个重要原理：老变少不变。"老"意味着事物的发展到了末段，该变了。所以呢，我们现在按照方才这个《豫》卦的六爻顺序重新画一个卦，在这个新卦里，把原来《豫》卦里的老阴爻变成阳爻，把原来的老阳爻变成阴爻，而少阴爻和少阳爻都照搬。于是，在《豫》卦的基础上

产生了一个新卦，就是《谦》卦。在这个变化当中，我们把《豫》卦叫作本卦，把《谦》卦叫作变卦。有变卦也有变爻，原本《豫》卦里从下往上数的第三爻的数字是六，也就是老阴，变为阳爻；第四爻的数字是九，是老阳，变为阴爻。所以，《豫》卦里的第三爻和第四爻在这时便都被叫作"变爻"。得出了变卦和变爻，就可以占卜了。一共有七种情况：

**第一种情况**：算出来的六爻当中只有一个爻是变爻，也就是说，六个数字中有五个不是七就是八，只有一个是九或者六，这个时候，就用本卦变爻的爻辞来判断吉凶。

**第二种情况**：有两个变爻，这就是我们方才遇到的情况，这里就不再赘述了。

**第三种情况**：有三个变爻，这时就不能用变爻的爻辞来判断了，得用本卦和变卦的卦辞，以本卦的卦辞为主。

**第四种情况**：有四个变爻，这时就用变卦的两个不变爻的爻辞来判断吉凶。

**第五种情况**：有五个变爻，用变卦的那一个不变爻的爻辞来判断吉凶。

**第六种情况**：有六个变爻，这得分两种情况。一是六爻都是阳爻（构成了乾卦），或者六爻都是阴爻（构成了坤卦）。那么，如果是乾卦，就用乾卦"用九"的爻辞判断吉凶；如果是坤卦，就用坤卦"用六"的爻辞判断吉凶。二是其他六爻全变，这时就用变卦的卦辞来判断吉凶。

**第七种情况**：六爻一个都没变，这时用本卦的卦辞来判断吉凶。

宋代朱熹另创了"挂揲法"，就是用揲于左手指间的蓍草余数，定阴阳老少。在三变中，左手蓍草余数如果是九或八，为多；余数如果是五或四，为少。三变中余数是两多一少的，即"少阳"，画作"—"。三变中余数是两少一多的，即"少阴"，画作"--"。三变中余数都是多的，称"老阴"，有变作阳爻的可能，所以只画作"×"，不画作"--"。三变中余数都是少的，称"老阳"，有变阴爻的可能，所以只画作"□"，不画作"—"。在少阳、少阴、老阳、老阴四者中，少阳、少阴不变，所以称"不变爻"，老阳、老阴是可变的，所以称"变爻"。卦象最底下的第一爻"初爻"产生后，"二""三""四""五""上"爻，也都用"三变"的筮法演成。这就是"凡十有八变而成卦""再焚香致敬而退"的全部筮仪。

## 最方便的筮法——掷钱法

上面所述的筮仪，十分复杂，而且蓍草也不是寻常可以取得的，所以也可以采取《仪礼正义·士冠礼》所载掷钱的方法来取得卦象：

1. 准备三枚铜钱，以古币为佳；

2. 敬心诚意默念心中想问之事，然后开始抛掷；

3. 掷下来的结果如果是两个阳面、一个阴面，记作少阳"—"；如果是两个阴面一个阳面，记作少阴"--"；如果三个都是阴面，记作老阴"×"；如果三个都是阳面，记作老阳"□"。

　　这样一爻一爻地由下到上，投掷六次，就可得到全卦。这时，如若六爻中有一个变爻，占筮者占断吉凶就以变爻为据；有两个或两个以上的变爻，则要参看卦象来进行占断。

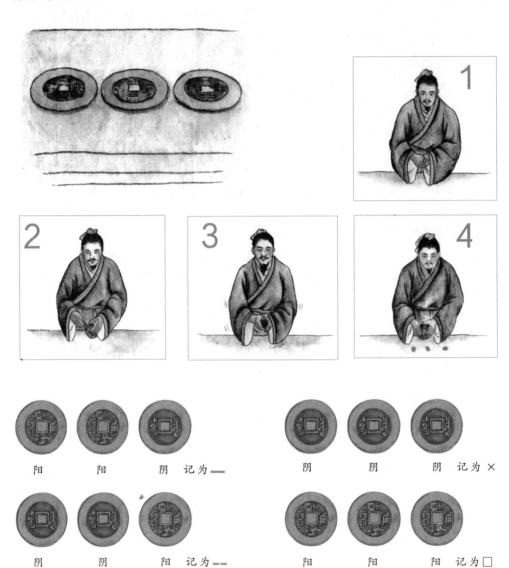

阳　　阳　　阴　记为 —

阴　　阴　　阴　记为 ×

阴　　阴　　阳　记为 — —

阳　　阳　　阳　记为 □

# 生生不息的“易理”

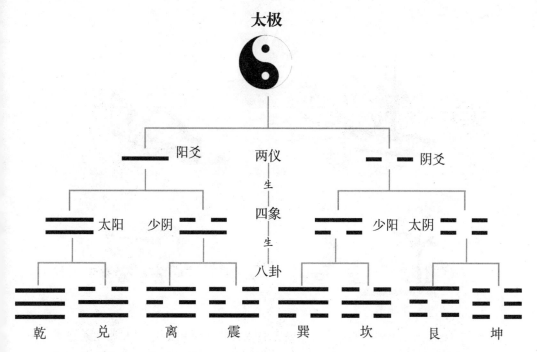

太极生两仪，两仪生四象，四象生八卦，八卦演成六十四卦，如此生生不息，表达了万事万物不断发展的事理。

# 五行相生图

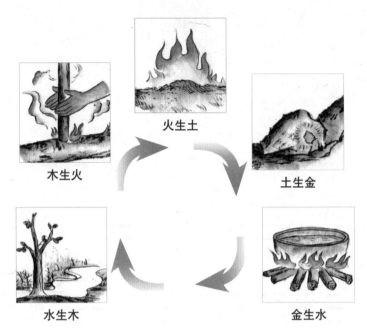

根据《易经》的变化和简易的原则，古人将天下万物看作由五类元素组成，分别是金、木、水、火、土，并认为它们彼此之间存在着相生相克的关系。

## 相生

"相生"说的是木生火、火生土、土生金、金生水、水生木的生生之链，即木、火、土、金、水五气依次生出对方。这是古人观察自然、总结规律的结果。

**木生火**：古人为了得到火，将木与木相互摩擦产生了火，木生火就这样发生了。

**火生土**：物质如果燃烧，留下的是灰。灰便是土。火生土乃是自然之理。

**土生金**：矿物、金属之类多埋藏于土中，所以说土生出金属，即土生金。

**金生水**：金属熔化变为液态，所以说金生水。

**水生木**：一切植物（即木气），均由水生，如果没有水，草木将枯死。故木乃由水所生。

# 相克

相生是依次生出对方，与之相反的相克，说的是木、土、水、火、金依次克制对方。即木克土、土克水、水克火、火克金、金克木，如此循环往复。

**木克土**：扎根于土地里，使土地固结和破碎，这就是所谓木克土。

**土克水**：土能够阻塞、固结水，即所谓土克水。

**水克火**：水能灭火，即所谓水克火。

**火克金**：火能熔化金属，即所谓火克金。

**金克木**：金属能削制木材，即所谓金克木。

可见，所谓相生，就是按照木、火、土、金、水的顺序，依次生成对方；相克则是按照木、土、水、火、金的顺序，依次克制对方。

# 《易经》图解

下篇

| 上九 | | 乾：元，亨，利，贞。 |

乾：元，亨，利，贞。

初九，潜龙，勿用。

九二，见龙在田，利见大人。

九三，君子终日乾乾，夕惕若厉。无咎。

九四，或跃在渊，无咎。

九五，飞龙在天，利见大人。

上九，亢龙，有悔。

用九，见群龙无首，吉。

## 乾 卦

《乾》卦六爻以龙来象征乾道德的变化。

《文言》说：元，是善的开始；亨，是美的荟萃；利，是义的和谐；贞，是行事的根据。君子践行仁德，足以为人君长；荟萃美好，足以合乎礼仪；利人利物，足以响应道义；坚守正道，足以干出事业。君子能践行仁、礼、义、正这四德，所以说："乾：元，亨，利，贞。"

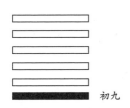
初九

### 爻意分析

此为本卦的初始之爻。初九位于《乾》卦的开始，阳气潜藏，为龙藏于地下之象。初九虽为阳爻，但身居最下之位，故宜将阳气深潜于渊，暗中积聚力量，蓄龙德于内。故虽有时不为他人所理解，亦不要将刚锐之势形之于外。宜韬光养晦，谋求发展之时机。

龙藏水中，暂时不宜妄动。

初九，潜龙，勿用。

龙出现田间，见大人有利。

九二，见龙在田，利见大人。

九二

### 爻意分析

此为本卦的初升之爻，居下卦之中位。虽不当正位，但所处地位有利。九二位居第二爻，位置在地面之上，象征纯阳之气已升出地面，就像龙离开潜藏的地下而显露于地面。此时，九二君子应该崭露头角，拜见九五大人，以求施展自己的抱负。

君子整天勤勉不懈，晚上谨小慎微，纵使遇险也能化险为夷。

九三，君子终日乾乾，夕惕若厉。无咎。

九三

### 爻意分析

九三位于下卦之上、上卦之下，位于上下卦交界处，并即将进入上卦乾卦。其处境尴尬，是个危厉之地，有刚阳相冲、盛极必衰之象。幸而九三以阳爻居阳位，是个刚健君子，若能终日勤勉，时时事事警惕，亦可无咎。

九四

### 爻意分析

此爻居上卦之下爻，正值从下体进入上体之时，其地位未定，进退两难，又兼阳爻居阴位，有不当位之过。其处九五尊位之侧，所处之位特殊，易遭受上尊位之疑忌。故居此位者应进退得当、审时度势，灵活应对，切忌妄动。

龙或飞腾上天，或遁守深渊，无害。

九四，或跃在渊，无咎。

九五

### 爻意分析

此爻九五，"九"为阳数之至高，"五"为阳数之至中，故位极尊。《乾》卦的六爻皆阳爻，乃纯阳而至为刚健。《乾》卦变化到九五爻之时，其阳而精，不偏不倚。若能与天、地、人三才相和，顺应天道法则，必能以其刚健中正之德，向上腾飞至于天位，为万民所景仰。

龙飞在天上，见大人有利。

九五，飞龙在天，利见大人。

飞得过高的龙会有麻烦，陷于困境。

上九，亢龙，有悔。

上九

### 爻意分析

　　此爻上九之位，既为本卦最高位，又为本卦之末位，阳气将消，阴气欲长，高而无民，贵而无位，处于不利之境。

群龙出现，都不以首领自居，吉祥。

用九，见群龙无首，吉。

用九

### 爻意分析

　　"用九"是指占筮时得到了六个"九"而不是六个"七"。九为变爻，所以六个阳爻要变为阴爻，《乾》卦将变为《坤》卦。"群龙"是指《乾》卦的六个爻从阳爻变为阴爻。要注意的是，"用九"之卦，既不完全是《乾》卦，也不完全是《坤》卦；是《乾》卦将转变《坤》卦之时，所以兼有《乾》《坤》两卦的美德。

上六
六五
六四
六三
六二
初六

坤：元，亨，利牝马之贞。君子有攸往，先迷；后得主，利。西南得朋，东北丧朋。安贞吉。

初六，履霜，坚冰至。

六二，直方大，不习，无不利。

六三，含章，可贞，或从王事，无成有终。

六四，括囊，无咎无誉。

六五，黄裳，元吉。

上六，龙战于野，其血玄黄。

用六，利永贞。

# 坤 卦

《坤》卦以柔顺的雌马为象征。

《坤》元始，亨通，像雌马一样柔顺而守正道必然吉祥；安详守正就会吉祥。

初六

## 爻意分析

初六爻处六爻阴气之极下，是阴气初生之象。阴气凝结，其始甚微，及其积增渐盛，以至为霜。所以要及时察觉征兆，早做预防。初六爻以阴爻居阳位，不当位，故而处境不利，要谨慎小心，见微知著，可预知坚冰将至。

当脚踩到秋霜时，寒冬的坚冰也将来临。

初六，履霜，坚冰至。

正直、端方、博大，即使不修习也没有什么不利。

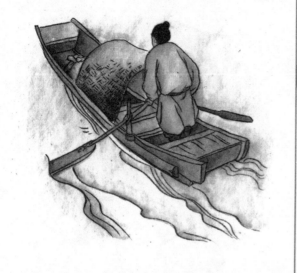

六二，直方大，不习，无不利。

内蕴文采，能守持正道，或从事辅佐君王的事业，不能成功也有好结果。

六三，含章，可贞，或从王事，无成有终。

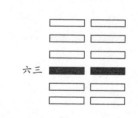

六二

### 爻意分析

六二爻居地之上，地气蒸腾而旺盛；阴爻居阴位而当位，又居下卦之中位，有地之象（初、二为地，三、四为人，五、上为天），是坤道的体现者，中正纯粹，为本卦之主爻，居有利之势位。

六三

### 爻意分析

六三爻阴气脱地而腾空，又兼阴爻居阳位，不中不正却半刚半柔，动静双兼。故可见处此位者利弊兼收，其成败在两可之间。

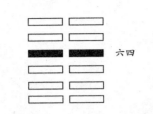

六四

**爻意分析**

六四爻居上卦之最下位，阴爻居阴位，位居不中，又乍离下体，位处上体之卑位，上下均不可即，处势尴尬，乃危惧之地。

捆紧囊袋（比喻遇事缄口，不理是非），无害也无赞誉。

六四，括囊，无咎无誉。

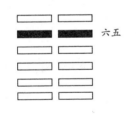

六五

**爻意分析**

六五爻居上卦之中位，然非本卦之正位；阴居阳位，故能刚柔相济，具柔顺之德。《坤》卦第五爻，坤阴发展到鼎盛时期，升居卦中尊位，但仍能保持柔顺之德，谦恭而能居下，极尽辅佐之力，所以是大吉之兆。

黄下衣（象征富贵），大吉。

六五，黄裳，元吉。

二龙在野外搏斗，淌出黑黄色的血。

上六，龙战于野，其血玄黄。

上六 ▬▬ ▬▬

### 爻意分析

上六爻居本卦之末极，又阴居阴位，故阴气凝重而向外逸散。物极而必反，势极而必衰，阴极而宣阳。本卦至此，柔顺之德转为刚逆之势，大有与乾阳一决高下之态。

永远坚守正道就会有利。

用六，利永贞。

用六

### 爻意分析

"用六"是指占筮时得到了六个"六"而不是六个"八"。六为变爻，所以六个阴爻要变为阳爻，《坤》卦将变为《乾》卦。

上六
九五
六四
六三
六二
初九

## 屯 卦

屯：元亨，利贞。勿用有攸往。利建侯。

初九，磐桓，利居贞，利建侯。

六二，屯如邅如，乘马班如。匪寇婚媾。女子贞
不字，十年乃字。

六三，即鹿无虞，惟入于林中，君子几不如舍，
往吝。

六四，乘马班如，求婚媾。往吉，无不利。

九五，屯其膏，小，贞吉；大，贞凶。

上六，乘马班如，泣血涟如。

《屯》卦象征事物的初生，元始、亨通，利
于坚守正固，不宜有所前往。利于建立诸侯。

《屯》卦象征事物初生，利于坚守正道，不宜有所前进。

为了巩固自己的地位，可以分封诸侯。

徘徊迟疑，静居守持，正固有利，利于建立诸侯。

初九

初九爻阳爻居初位，上有两阴爻相阻，故阳气不足，需要积蓄力量。如果想要扩大功业，应礼贤下士，以求协助。处于艰难创始时期，不可轻举妄动，只有固守正道，才能安然度过困难时期，前途大有可为。

初九，磐桓，利居贞，利建侯。

他们聚集前来，乘马回旋，不是抢劫的，是求婚的。女子守持正固，不急出嫁，十年后才能嫁。

六二

六二爻阴居阴位，又为中位，当为中正之爻。然又阴乘初九阳位之上，故而难以驾驭，亦为盘桓难进之爻。

六二，屯如邅如，乘马班如。匪寇婚媾。女子贞不字，十年乃字。

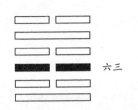

六三

## 爻意分析

六三爻阴爻居阳位，不正不中，与上六同为阴爻，亦不相应，其力弱而急于求进，好比无虞人相助而入林逐鹿（古人打猎，虞人负责赶出禽兽以供猎人捕捉），只能白白深入林海，不如放弃不逐。若轻率冒进，深入山林，不仅徒劳无功，说不定还会陷入险境。

逐鹿而没有虞人的帮助，空入林海，这时与其继续追捕，不如舍弃，继续追捕则将有不利。

六三，即鹿无虞，惟入于林中，君子几不如舍，往吝。

六四

## 爻意分析

六四爻阴爻居阴位，当位得正，上承九五刚正之君。但六四为阴柔之质，尚不足以独自济难出险，于是下应与它有正应关系的初九，以成婚配。六四与初九阴阳相应，同舟共济，共同辅佐九五君王，如此以往，则吉而无不利。

乘马徘徊去求婚，前去吉祥，没有不利。

六四，乘马班如，求婚媾。往吉，无不利。

处草创之艰难，需要普施恩泽。柔小而守正可得吉祥，若刚大则守正也凶险。

### 爻意分析

九五爻居中正之位，又位居本卦至尊，然陷于上之坎卦中心，而致举措艰难，需辅佐之力。

九五，屯其膏，小，贞吉；大，贞凶。

乘马之人徘徊不前，血泪直流。

### 爻意分析

上六爻位于《屯》卦之终，在屯难之极，因其为阴柔之质，与六三不成正应，显孤立无援之状，忧惧交加，血泪交流。上六欲乘马而去，无奈无处可去，已然是困厄到了极点。"泣血涟如"比喻上六急切地想挣脱险境而无可奈何，以致悲痛欲绝。

上六，乘马班如，泣血涟如。

上九
六五
六四
六三
九二
初六

蒙：亨。匪我求童蒙，童蒙求我。初筮告，
再三渎，渎则不告。利贞。

初六，发蒙，利用刑人，用说桎梏，以往吝。

九二，包蒙，吉。纳妇，吉。子克家。

六三，勿用取女，见金夫，不有躬，无攸利。

六四，困蒙，吝。

六五，童蒙，吉。

上九，击蒙，不利为寇，利御寇。

# 蒙 卦

《蒙》卦象征亨通。不是我去求幼童占筮，是幼童求我占筮。初次求教就施以教诲，再三乱问，这就渎犯了神圣的筮法，乱问就不再为之筮。此卦是有利的占问。

"匪我求童蒙，童蒙求我"强调受教育者求知的欲望和主动性对于启蒙教育是非常重要的。

启发蒙昧，利于以法教育人，使其脱离桎梏，但有所前往则会发生艰难之事。

初六

## 爻意分析

初六爻为本卦之初始，位在最下，且以阴爻居于阳位，不中不正，好似个蒙昧不守正道的学童，需要九二刚中师长的教导。启蒙之始，宜严以施教，必要时应给予惩罚，使之回归正途。

初六，发蒙，利用刑人，用说桎梏，以往吝。

包容蒙昧之人，吉祥。为子娶妻，吉祥。儿子能够继承父志兴家立业。

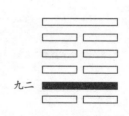

九二

## 爻意分析

九二爻阳爻居阴位，虽不正，但又居中位，故可包容初、三、四、五诸阴爻，师尊于上，远近皆至，故而吉祥。九二爻上应六五，下应诸阴爻，又好比男子娶妻纳妾一般，意指能够包容接纳。

九二，包蒙，吉。纳妇，吉。子克家。

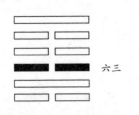

六三

## 爻意分析

六三爻阴居阳位，不中不正，乘凌位卑而中正刚明的良师九二，攀附于与之同样不中不正而位居极位的上九，故而现邪辟妄行、见利忘义之端倪，行有不顺。

不能娶那样的女人，她看见有钱人，就会失身，娶她没有什么好处。

六三，勿用取女，见金夫，不有躬，无攸利。

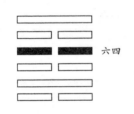

六四

## 爻意分析

六四爻阴居阴位，又处于六三、六五两阴爻之间，虽得位而阴气太重，与九二、上九两阳爻相距甚远，既非亲比，又无正应，故困于蒙昧之中。

困于蒙昧之中，有艰难。

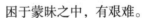

六四，困蒙，吝。

童子蒙昧，受启发能够听从教导，吉祥。

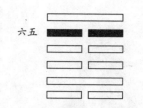

六五

六五，童蒙，吉。

## 爻意分析

六五爻居尊位而柔善，又与九二爻相正应并得其相助。面对九二爻刚中之师，六五谦恭好学，欣然接受九二爻的教诲，其智慧日益增长，其学业日益精进，故为此卦之吉爻。

以猛击开启蒙昧，过于暴烈则不利，用抵御盗寇之法有利。

上九

上九，击蒙，不利为寇，利御寇。

## 爻意分析

上九爻阳爻居阴位，阳刚之气过重，下临三爻阴爻，又兼居至上之位，故而刚勇无羁，柔性不足。上九个性刚猛，过于严厉，任意处罚学生，结果会适得其反，其所作所为对启迪蒙昧毫无帮助。

上六
九五
六四
九三
九二
初九

# 需 卦

需：有孚，光亨。贞吉，利涉大川。

初九，需于郊，利用恒，无咎。

九二，需于沙，小有言，终吉。

九三，需于泥，致寇至。

六四，需于血，出自穴。

九五，需于酒食，贞吉。

上六，入于穴，有不速之客三人来，敬之终吉。

《需》卦象征真诚守信，光明亨通。守正吉祥，渡大河有利。

《需》卦象征等待，懂得等待，前程光明而亨通。

停留郊野，恒心等待有利，无害。

初九

**爻意分析**

初九，需于郊，利用恒，无咎。

初九爻阳爻居阳位，又为本卦初爻，故有阳刚之勇，又与六四阴爻相应，所以有上行之势，容易为意气所动而执意前行。初九动辄接近坎水之险，唯有安分守己，以恒常之心处之，才可以远离祸患而无咎。

停留在难行的沙地上，会受到小的谴责，但终获吉祥。

九二

**爻意分析**

九二，需于沙，小有言，终吉。

九二爻虽阳居阴位而不正，然又处下卦之中位，上无应与，不求邃进，居柔守中，静待不躁。九二离坎险尚隔九三，犹如在靠近水旁之沙滩上等待时机，接近危险但未陷入危险，虽然有小小的语言中伤，但并无大碍。

九三

## 爻意分析

　　"泥"为与水相接的泥淖之地，是险陷之地，"寇"指大灾祸。九三爻最接近上卦的坎体，身处河边的泥地，处境非常容易招致寇至。九三爻处需下卦之上，濒临坎险，又以阳居阳位，有刚亢躁进之象，稍有不慎，则会致祸。

　　停留在淤泥里，会招致盗寇到来。

九三，需于泥，致寇至。

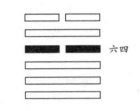

六四

## 爻意分析

　　六四爻阴居阴位，柔弱有加，又居坎险下位，有待于血泊之象；然又居正位，得上之尊爻九五之庇护，虽在伤地而终得出也。六四虽已在坎险中受伤，却能以柔顺之道应对自处，即便在血泊中也能冷静等待脱险的时机，加上九五的帮助，最终化险为夷。

　　停留在血泊中，形势凶险，但终能逃出洞穴，度过灾难。

六四，需于血，出自穴。

停留酒食之地，占问说吉祥。

九五

九五，需于酒食，贞吉。

## 爻意分析

　　九五爻已深入坎险中间，本来是非常值得忧虑的，但九五爻阳居中位，又高居君位，阳刚中正，其德足以服人。中则左右逢源，正则长久不已。九五爻知上下协助不力，在困境中仍能自得其乐，处变不惊，乐以待之。其乐观宽裕的态度最终等到了圆满的结果。

　　进入居住之处，有三个不速之客来访，恭敬接待就会终获吉祥。

上六

上六，入于穴，有不速之客三人来，敬之终吉。

## 爻意分析

　　上六爻虽阴柔得正，但身居险极，有陷而入穴之象。九三爻与之相应，携初九、二九两爻相助，敬之则可获吉祥。

上九
九五
九四
六三
九二
初六

# 讼 卦

讼：有孚窒惕，中吉，终凶。利见大人，不利
　　涉大川。

初六，不永所事，小有言，终吉。

九二，不克讼，归而逋。其邑人三百户，无眚。

六三，食旧德，贞厉，终吉。或从王事，无成。

九四，不克讼，复即命渝。安贞吉。

九五，讼，元吉。

上九，或锡之鞶带，终朝三褫之。

《讼》卦象征有俘获，心中恐惧警惕，事情中途吉祥，结
果凶险。见大人有利，渡大河不利。

《讼》卦总的指导思想是，争讼必然凶险，不争讼最好。

事情做不久，会受到小的谴责，但终获吉祥。

初六，不永所事，小有言，终吉。

初六

### 爻意分析

初六爻以阴柔之爻居于卦下，阴居阳位而不正，虽与九四爻阴阳相应，但中有九二爻阻碍。幸而九四爻阳刚，有呼应之势，故终能平息争讼。初六爻地位低下，本质柔弱，与人争讼没有实力取胜。初六爻度德量力，知道争讼最终对自己不利，所以在语言上解释几句便罢。

争讼输了，回家后逃跑。他封邑内的三百户人家就能免于灾祸了。

九二，不克讼，归而逋。其邑人三百户，无眚。

九二

### 爻意分析

九二爻阳爻居阴位，又处坎险之中，又与阳刚而处尊位的九五爻不相应，处于相对位置，两刚相遇而不相应，造成争讼，九二爻居下必败无疑。《象传》中说，不能胜讼，于是逃跑回来，下面的人与上面的人争讼，招来的祸患会像俯身拾物一样容易。

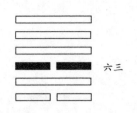

六三

### 爻意分析

六三爻阴居阳位而不正，以阴柔之质居九二、九四两阳爻之间，为危厉之地，又兼处上下卦之间，更为进退两难之是非之地，应顺上息讼。即使是做君王委派之事，也能谨守固有俸禄，尽忠职守，与人无争，有功劳也不居功。这样的君子即便是小人也无法与之起争端。

靠祖业过活，守持正固以避免危险，但终获吉祥。或者做君王委派之事，成功不自居。

六三，食旧德，贞厉，终吉。或从王事，无成。

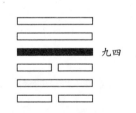

九四

### 爻意分析

九四爻以阳刚之势居于阴位，不正不中，与初六爻位置相对，有以强凌弱、以上压下之势；初六爻阴柔势弱，不想与之相争，以"不永所事"为戒，仅仅是解释了几句，并不与九四爻争讼。因此九四爻虽然刚强好讼，但终究不能成讼。

官司输了，回来后服从命令。安守正道则吉祥。

九四，不克讼，复即命渝。安贞吉。

明断讼事，大吉。

九五，讼，元吉。

九五

**爻意分析**

九五爻阳居阳位，又兼居尊位，故能中正刚直，行中正之道，即卦辞中所提"大人"，也就是决断讼事的大人。九五爻阳气充沛，立于正义之上，由九五爻来仲裁讼事，则争议必得伸张，非常吉祥。

偶或讼胜得到显贵的大腰带，但一天里多次得到又多次被剥夺。

上九，或锡之鞶带，终朝三褫之。

上九

**爻意分析**

上九爻以阳刚居于本卦终极，具争强好胜之本性，与下卦六三爻相对；六三爻忍让而不争不讼，故而一时胜诉。爻辞中说，或因（讼胜）得到显贵的大腰带，但一天里又多次被剥夺。这种通过争讼而获得的高官厚禄，不仅不光彩，而且饱受舆论谴责，非常凶险。

上六
六五
六四
六三
九二
初六

## 师 卦

师：贞丈人吉，无咎。

初六，师出以律，否臧凶。

九二，在师中吉，无咎。王三锡命。

六三，师或舆尸，凶。

六四，师左次，无咎。

六五，田有禽。利执言，无咎。长子帅师，弟子舆尸，贞凶。

上六，大君有命，开国承家，小人勿用。

《师》卦象征坚守正固，贤明长者率兵吉祥，无害。

　　《师》卦象征军队。守持正道，以贤明长者为统帅，可得吉祥，没有灾祸。其要点在于，第一要师出有名；第二要选择贤明而富有经验和威望的统帅。

行军靠军纪，不守军纪会有凶险。

初六，师出以律，否臧凶。

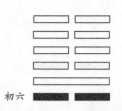

初六

### 爻意分析

初六爻阴居阳位，又为本卦之起始，阴柔之象明显，为初出茅庐之征，又处卦主之左右，其柔弱之质恐难治军以律，所以爻辞告诫说军纪不佳会有风险。初六爻当严于律己，谨小慎微，以严明军纪为首要法则。

统兵，持中不偏者吉祥，无害。天子多次奖赏他。

九二，在师中吉，无咎。王三锡命。

九二

### 爻意分析

九二爻阳爻居下卦中位，为中庸之象；又为本卦之唯一阳爻、一卦之主，受众阴爻之拱卫；六五爻虽阴柔，然位居尊位，为卦中之君，与之相应。九二爻居于军中，总摄用兵行师之事，因具备刚中之德，所以吉祥没有咎错。

六三

**爻意分析**

六三爻阴居阳位，不正不中，才能有限；又乘于九二爻之上，刚愎自用，故行事易失。这象征将领有勇无谋，才弱志刚。轻率用兵，大意轻敌，所以吃了败仗，军队最后载尸而归，可见是多么凶险。

军队或会用车载着尸体回来，凶险。

六三，师或舆尸，凶。

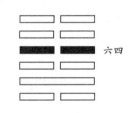

六四

**爻意分析**

六四爻处上下两卦之交，为"多惧之地"，下又无阳爻为继，处势不利，所以暂时退后一步，按兵不动，因此而得无咎。六四爻柔居阴位，阴柔而得正，故可处险自警，不致一意孤行；一时受阻，能暂退而按兵不动，所以没有灾祸。

军队撤退至安全处驻扎，免遭灾害。

六四，师左次，无咎。

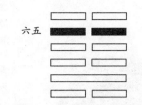

六五

田野上有野禽。利于捕捉，无害。可以委任长者统率军队出征，委任幼稚者就会战亡，尸体用车载着回来，要保持贞正以防凶险。

六五，田有禽。利执言，无咎。长子帅师，弟子舆尸，贞凶。

### 爻意分析

六五爻以阴爻居上卦中央的至尊之位，显柔顺、中庸之象，不会贸然犯险，是柔顺中正而能用师的明君。君王派出自己非常信任的，能以中道行事的"长子"九二爻率师出征，这是正确的。而派柔弱平庸的小子六三爻参与军事指挥，则是用人不当。

上六

天子有奖赏，有功者封为诸侯或大夫，小人不得受封。

上六，大君有命，开国承家，小人勿用。

### 爻意分析

上六爻为本卦之终极，阴居阴位而得位，象征战争结束，君王论功行赏。强调小人即便在战争中有功，也不可以赏赐。

上六
九五
六四
六三
六二
初六

**比 卦**

比：吉。原筮，元永贞，无咎。不宁方来，
　　后夫凶。

初六，有孚比之，无咎。有孚盈缶，终来有
　　它，吉。

六二，比之自内，贞吉。

六三，比之匪人。

六四，外比之，贞吉。

九五，显比，王用三驱，失前禽，邑人不诫，吉。

上六，比之无首，凶。

《比》卦象征亲密比辅则吉祥。初次占问大亨通，长久
坚持正固则无害。不获安宁的邦国前来朝拜，迟来的有凶险。

能够亲密比辅、互相协作是吉祥的。

确定亲附对象后要抓住时机，犹犹豫豫将得凶。

心怀诚信，亲比天子则无害。积累的诚信有如水装满瓦器，最终还有别的收获到来，吉祥。

初六

### 爻意分析

初六爻以阴柔之质居下，地位低微，还无力辅佐于谁；又远离九五爻至尊，故与九五爻至尊结交不易。初六爻想要亲比九五爻，应当充满诚信，犹如缶中盈满水，满腹皆诚，这样不但会没有咎错，还会有意想不到的吉祥降临。

初六，有孚比之，无咎。有孚盈缶，终来有它，吉。

在朝廷内辅助天子，守持正固则吉祥。

六二

### 爻意分析

六二爻以阴柔居下卦之中，处中正之位，又与本卦之至尊九五爻成正应关系，能上下呼应，故而条件优越。"自内"意谓由己而发，与人亲比能固守正道，则得吉。

六二，比之自内，贞吉。

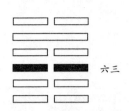

六三

## 爻意分析

六三爻以阴柔之气居阳位，又处下卦之末，与之相对应之爻上六爻位居不中，且与刚正的九五爻无比应关系，故而处境不利。

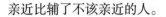
亲近比辅了不该亲近的人。

六三，比之匪人。

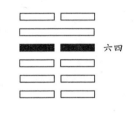

六四

## 爻意分析

六四爻本与初六爻相应，而阴阴相斥，故而既不能相应，亦无法相比。然又阴居阴位而当位得正，与九五爻至尊之位相比邻，刚柔相济，故可吉祥。六四爻能亲近贤人而顺从君上，符合比的正道，所以爻辞中谓之"贞吉"。

在外亲比于上，守持贞正则吉祥。

六四，外比之，贞吉。

用光明之道广获亲比。天子用三驱法狩猎，放掉逃向前面的野禽，当地人对此不感到惊奇，吉祥。

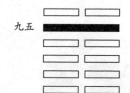

九五

九五，显比，王用三驱，失前禽，邑人不诫，吉。

### 爻意分析

九五爻以刚正之阳气居阳位而得位，又居于上卦之中位，得位中正而又兼居至尊之位，故为本卦之主爻。九五爻君王打猎，只从三面设围，并不赶尽杀绝。对于民众，也不专门命之亲附自己，而是凭自己的美德使之自愿亲附，这正是君子至善之德的表现。

亲比而没有好的开端，凶险。

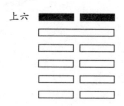

上六

上六，比之无首，凶。

### 爻意分析

上六爻位居本卦之末，阴居阴位而得位，位置甚高而紧邻九五爻，故本有有利之势；但"比之无首"，是说上六爻在开始的时候不愿亲比九五爻，直到看到其他爻都已亲附于九五爻，自己陷入孤立的困境，才亲比于九五爻，但已错过时机。这就是卦辞说的"后夫凶"。

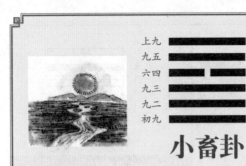

上九
九五
六四
九三
九二
初九

小畜卦

小畜：亨。密云不雨。自我西郊。

初九，复自道，何其咎？吉。

九二，牵复，吉。

九三，舆说辐。夫妻反目。

六四，有孚，血去惕出，无咎。

九五，有孚挛如，富以其邻。

上九，既雨既处，尚德载。妇贞厉，月几望；君子征凶。

《小畜》卦象征亨通。浓云不下雨。从我的西邑郊外涌来。

"密云不雨"是说《小畜》卦处于蓄养未用之时，犹如天上的云层已然积聚得很密，但还未能降雨。

从正路返回，能有什么灾祸呢？吉祥。

初九，复自道，何其咎？吉。

初九

### 爻意分析

初九爻阳居阳位而得位，阳刚好动，动则阳刚之气上行，与六四阴爻相应，成正应关系。初九爻处阳之初，阳气尚弱，如为六四爻所蓄聚则会失去本身德性。爻辞中说"复自道"，是要初九爻返身回归于本位，静待时机，这样做是没有危害而且吉祥的。

受人牵引返回，吉祥。

九二，牵复，吉。

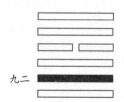

九二

### 爻意分析

得此爻者，刚质未盛，有被兼蓄之危险。其处境与初九爻相牵连，志同道合，携手联合可以抵挡前方兼蓄之吸引。若能返归于中正固守之道，则能避免为阴所蓄聚，不会有错失，是吉祥的。若贸然上行，则会陷入被控制的困境。

九三

### 爻意分析

九三爻阳居阳位，又处下卦之上位，刚亢而躁动，又与六四爻相比邻，因处六四爻阴质之下，六四爻乘凌于九三爻之上，此爻为六四爻所蓄积，故为六四爻所制而失去主导，阴阳平衡被打破。

车轮辐条脱落。夫妻反目成仇。

九三，舆说辐。夫妻反目。

六四

### 爻意分析

六四爻阴居阴位而得正，又与九五爻相比邻，与初九爻相应并蓄积其余上下五阳，故内外上下都有利。六四爻之位正如近君大臣，如能以其至诚之心、柔顺之道得君王的信任和重用，则可以避免凶险，没有咎错。

心怀诚信，忧患将要过去，出远门无害。

六四，有孚，血去惕出，无咎。

心怀诚信，密切相联，与近邻共同富裕。

九五，有孚挛如，富以其邻。

九五

### 爻意分析

　　九五爻阳居阳位，以刚正之态居上卦之中，为本卦之主。"有孚挛如"意谓心怀诚信，紧密合作，指九五爻处于尊位而乘六四爻。六四爻积存诚心以蓄辅九五爻，九五爻也能以诚相待，加强与六四爻的紧密合作，君臣心志相连。

雨下过了，停了，此时应当积德载物。妇女应保持贞正以防危险，接近阴历十五时；君子出征有凶险。

上九，既雨既处，尚德载。妇贞厉，月几望；君子征凶。

上九

### 爻意分析

　　上九爻居全卦之顶端，为蓄止之终极，小蓄之道亦至极盛。阴气已经充分积累，阳气也已经蓄聚完成，阴阳二气相合而成雨水，功德已经圆满。如若再发展下去则盛极必衰。

上九
九五
九四
六三
九二
初九

履 卦

履：履虎尾，不咥（dié）人。亨。

初九，素履往，无咎。

九二，履道坦坦，幽人贞吉。

六三，眇能视，跛能履，履虎尾，咥人，凶。武
人为于大君。

九四，履虎尾，愬愬，终吉。

九五，夬履，贞厉。

上九，视履考祥，其旋元吉。

《履》卦象征踩到老虎尾巴，老虎不咬人，亨通。

《履》卦卦辞之意为，踩到老虎尾巴，老虎却不咬人。

穿着朴素无华的鞋子前往，无害。比喻人以朴实坦白的态度行事，则无害。

初九，素履往，无咎。

初九

### 爻意分析

初九爻阳居阳位而得正，因而能履行正道；居本卦之最下位，为本卦之初始，故能有大的发展前途。初九爻初涉世事，做事安分守己，为人朴实无华，虽然未必得吉，但起码没有过错。

大路平坦，幽静无争的人吉祥。

九二，履道坦坦，幽人贞吉。

九二

### 爻意分析

九二爻阳居阴位，故而阳刚而能柔；又处下卦之中位，得中而不偏，故而内心安恬清静，前途平易坦荡。《象传》说，安静恬淡的人坚持正道可得吉祥，说明九二爻没有扰乱自己的内心世界。

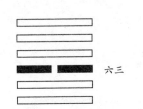

六三

## 爻意分析

六三爻阴居阳位而不当，无阳刚之质而心志刚强，以柔乘刚而涉险，处于上下两卦之间而身居多惧之地。得此爻者宜懂得审时度势，绝不可以匹夫之勇而盲目乱动。

眼瞎了却自以为视力好，瘸腿的却自以为能走路，踩到老虎尾巴，老虎咬人，凶险，粗猛武人要担当君主给的大任。

六三，眇能视，跛能履，履虎尾，咥人，凶。武人为于大君。

九四

## 爻意分析

九四爻阳爻处阴位而不中不正，又居九五爻之下而履虎尾，内刚而外柔，能以阴柔行事。《象传》说，保持恐惧谨慎，最终能获得吉祥，是说九四爻紧随九五爻之虎尾，不但内具阳刚之质，而且能柔顺行事，小心翼翼，终究可以免于危难而得吉。

踩到老虎尾巴，心里戒惧，终获吉祥。

九四，履虎尾，愬愬，终吉。

决然行事但不可一意孤行，要守正以防危险。

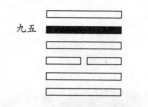

九五

九五，夬履，贞厉。

### 爻意分析

九五爻阳爻居阳位，兼处上卦乾体之正中，故而处中正之位，为本卦之主卦；又因本卦上乾下兑，故九五爻气质刚硬果决而失之以柔，所以九五爻英明刚决有余，而兼听包容不足。如果一味主观武断，听不得不同意见，长此以往，必有危险。

小心回顾走过的路，考察其中福祸得失的征兆，返回时就能大吉。

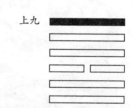

上九

上九，视履考祥，其旋元吉。

### 爻意分析

上九爻居于本卦之末，处履卦之终，故可借前车之鉴履行本身之责任，善于周详考察前五爻的经历，总结它们的胜败得失，从中总结经验教训，故而能吉。

上六
六五
六四
九三
九二
初九

**泰 卦**

泰：小往大来，吉，亨。

初九，拔茅茹，以其汇。征吉。

九二，包荒，用冯河，不遐遗。朋亡，得尚于
中行。

九三，无平不陂，无往不复。艰贞无咎。勿恤
其孚，于食有福。

六四，翩翩，不富以其邻，不戒以孚。

六五，帝乙归妹，以祉元吉。

上六，城复于隍，勿用师，自邑告命。贞吝。

《泰》卦象征和畅通泰。小的去了大的来，吉祥，亨通。

天地阴阳二气相交，这就是《泰》卦的象征。君主取法《泰》卦，制定符合天地之道的制度。

拔茅草的根，连同茅草的同类也拔起来，如此同根同志地团结出征，吉祥。

初九

**爻意分析**

初九爻处下卦《乾》卦之初，阳爻居阳位，阳气盛长，与六四爻相应，又可兼带九二爻、九三爻分别与六五爻、上六爻相应，一阳动而三阳俱动，呈君子并进之象。爻辞中说，拔起茅草，根系牵连并出，比喻君子相互牵引，共同上进。

初九，拔茅茹，以其汇。征吉。

有包容大川的胸怀，涉越长河的能力，不遗弃远方的贤人，也不结党营私，要以中道行事。

九二

**爻意分析**

九二爻以阳爻居阴柔之位，内刚外柔；又得下卦之中位，能以中正之道行事；上与六五爻正应，为君臣相得之象。九二爻好比刚柔相济的中正大臣，能包容污秽，又刚健果决，不遗弃远方之人，且不结党营私。

九二，包荒，用冯河，不遐遗。朋亡，得尚于中行。

九三

## 爻意分析

九三爻阳居阳位而得正，处《泰》卦上下两卦乾坤交接之处，又处阴阳两爻之交界处，为本卦阳爻之最后一爻，虽有艰险而无咎。

没有哪种平坦，永远不会倾斜，没有哪种失去，永远不会得回。事情艰难也要坚守正道，自然是无害的。不用忧虑无法取信于人，生活是会变富足的。

九三，无平不陂，无往不复。艰贞无咎。勿恤其孚，于食有福。

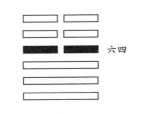

六四

## 爻意分析

六四爻以阴爻居阴位，处上卦之初，柔顺谦逊，并与初九爻相应。当下卦之三阳上升求阴之时，带动六五爻、上六爻相随而主动下降以应，故而上下交济，形成一派通泰之气。卦辞中的"翩翩"谓三阴爻像飞鸟一样翩然同下，上下交济，阴阳通泰。

像鸟飞那样轻飘自得，难保财富，与邻居相互信任则不必加以戒备。

六四，翩翩，不富以其邻，不戒以孚。

帝乙出嫁少女，因而得福大吉。

六五，帝乙归妹，以祉元吉。

六五

### 爻意分析

六五爻以阴爻居中，为上卦之中位，位尊而性柔，并与九二爻相应，故能屈尊而下，主动与九二爻相交。帝王之女下嫁给贤臣，比喻君位六五阴爻屈尊与下卦中的九二阳爻相应，阴阳交泰因此而实现，获得了莫大的吉祥。

城墙倒塌在壕沟里，命令说是不要用兵，只能自我检讨。坚守正道以防止危害。

上六，城复于隍，勿用师，自邑告命。贞吝。

上六

### 爻意分析

上六爻阴居阳位而不得位，又处泰卦之终末，与下卦九三爻相应，大有泰极否来之象，故而处凶险之境。

上九
九五
九四
六三
六二
初六

否·卦
pǐ

否：否之匪人，不利君子贞，大往小来。
初六，拔茅茹以其汇。贞吉，亨。
六二，包承，小人吉，大人否。亨。
六三，包羞。
九四，有命无咎，畴离祉。
九五，休否，大人吉。其亡其亡，系于苞桑。
上九，倾否，先否后喜。

《否》卦象征天下闭塞不通。否闭之世排斥贤人，天下不得其利，君子此时应坚守贞正，大的阳刚去了，小的阴柔来了，事业由盛转衰。

《否》卦象征闭塞，君子之道被阻塞。

拔茅草的根，连同茅草的同类也拔起。君子应当坚守正道，吉祥亨通。

初六，拔茅茹以其汇。贞吉，亨。

初六

**爻意分析**

初六爻阴居阳位，质弱而欲亢动，又处于上下否塞之时，阴阳阻隔，不能通达。故而做事应符合自然规律，不可轻举妄动。初六爻像"拔茅茹"一样牵引下卦六二、六三阴爻贞固自守才能得吉。

被包容并顺承尊者，小人吉祥，大人闭塞。以后才亨通。

六二，包承，小人吉，大人否。亨。

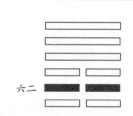

六二

**爻意分析**

六二爻以阴爻居阴位，又处于下卦中位，有至顺之象。而本卦有小人处下之象，故而居此位者当防小人作乱。六二爻好像一位善于阿谀逢迎的小人，顺承于上位者，以求取上位者的包纳和信任。这种行为对于小人来讲是吉利的。

六三

## 爻意分析

六三爻处于上下两卦之间，迫近于上，以阴爻居于阳位，又偏离中位，不中不正，当处于否塞之世时，则不能守中正之道。六三爻是个地位较高却又不中不正的小人，处于否塞之世时，不能固守正道，安持本分，反而急于向上九爻求应。

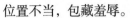

位置不当，包藏羞辱。

六三，包羞。

九四

## 爻意分析

九四爻阳居阴位，柔中有刚，又居上卦《乾》卦之始，有否塞过中、否极泰来之象，又与九五爻、上九爻相比邻，故能同心协力。九四爻处于否塞转为泰通之时，奉九五爻君王之命，与初六爻相交相应，因此没有咎错。

保有天命，无害，可一起享有福祉。

九四，有命无咎，畴离祉。

终止闭塞的局面，大人才能吉祥。要时刻警惕将要灭亡，将要灭亡，才会像系结于桑树一样安然无恙。

九五，休否，大人吉。其亡其亡，系于苞桑。

九五

### 爻意分析

九五爻阳居阳位，又占上卦之中位，中正得当，故而具阳刚之气而能行中正之道，处于泰来而否休之时。九五爻有其德而居其位，但能身处治世而不忘乱亡，要达到彻底休否的境地，所以居安而思危，时时告诫自己"将要灭亡，将要灭亡"，以免掉以轻心。

倾覆闭塞的局面，起初闭塞，后来通泰喜悦。

上九，倾否，先否后喜。

上九

### 爻意分析

上九爻阳爻居于阴位，兼居《乾》卦最上，积乾阳之气至极盛，故具刚健勇猛、无坚不摧之力以待天时。否极泰来，故云"先否后喜"。

上九 —— <br>
九五 —— <br>
九四 —— <br>
九三 —— <br>
六二 ——  —— <br>
初九 ——

同人：同人于野，亨。利涉大川。利君子贞。

初九，同人于门，无咎。

六二，同人于宗，吝。

九三，伏戎于莽，升其高陵，三岁不兴。

九四，乘其墉，弗克攻，吉。

九五，同人先号咷而后笑，大师克，相遇。

上九，同人于郊，无悔。

## 同人卦

《同人》卦象征在郊野聚集众人，亨通。渡大河有利，君子坚守贞正有利。

在野外聚集众人，同心协力，友好合作，有利于涉险渡难，共同创造出大的事业。

出了门和同众人，无害。

初九，同人于门，无咎。

初九

### 爻意分析

初九爻阳居阳位而当位，与九四爻同阳而相斥，与本卦之唯一阴爻六二爻相比邻，故易与之接近而不心怀私念。初九爻处于《同人》卦之始，象征刚出家门就与人和同，《象传》中说，又有谁会来怪罪呢？

在宗庙聚集众人，危险。

六二，同人于宗，吝。

六二

### 爻意分析

六二爻阴居阴位，又居于下卦之中位，与上卦之九五阳爻阴阳相合，为正应关系，故而能相互和同。在《同人》卦中，五个阳爻都想与六二阴爻相和同，而六二爻只想亲近位于君位的九五爻，违背了同人卦"同人于野"的精神，有攀高附贵之嫌，所以有所鄙吝。

九三

## 爻意分析

九三爻阳居阳位，与六二爻相比邻而乘于其上。九三爻欲夺取与九五爻正应的六二爻，横亘于六二爻、九五爻之间，埋下伏兵，伺机而动，但忌惮九五爻实力雄厚，所以不敢轻举妄动。如此过了三年，仍然没有采取行动，所以爻辞中不言结果。

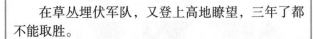

在草丛埋伏军队，又登上高地瞭望，三年了都不能取胜。

九三，伏戎于莽，升其高陵，三岁不兴。

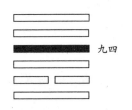

九四

## 爻意分析

九四爻阳居阴位，不中不正，处上卦之下位，与初九爻不能成正应，势单力孤，故于攻而不胜之时能反躬自省。《象传》说，登上城墙，从道义上考虑是不能发动进攻的。获得吉祥，是由于九四爻在陷入困境时能够回到正道上来。

登临敌城了，但又放弃了进攻，是吉祥的。

九四，乘其墉，弗克攻，吉。

九五

和同众人，先是号哭，然后大笑，原来是因为大部队攻克了敌人，会师成功了。

九五，同人先号咷而后笑，大师克，相遇。

### 爻意分析

九五爻阳居阳位，刚阳之气充盈，又居上卦之中尊位，故而得中得正，阳刚而中正；虽与本卦之唯一阴爻六二爻成相应关系，却为九三爻、九四爻相阻隔，所以九五爻为之痛哭。九五爻最终能战胜九三爻、九四爻而与六二爻和同，所以破涕为笑。

上九

在野外聚集众位同仁，无悔。

上九，同人于郊，无悔。

### 爻意分析

上九爻以阳爻居阴位，处本卦之极末，居六爻之边缘，与之相应者九三爻阳刚，故而内无和同之人，大志无法实现。

| | |
|---|---|
| 上九 | 大有：元亨。 |
| 六五 | 初九，无交害，匪咎。艰则无咎。 |
| 九四 | 九二，大车以载，有攸往，无咎。 |
| 九三 | 九三，公用亨于天子，小人弗克。 |
| 九二 | 九四，匪其尫（wāng），无咎。 |
| 初九 | 六五，厥孚交如，威如，吉。 |
| | 上九，自天祐之，吉，无不利。 |

**大有卦**

《大有》卦象征大获富有：事业大亨通。

《大有》卦象征富有，至为亨通。

没有因不当的交往受祸害，就无灾殃。身处艰难时也无害。

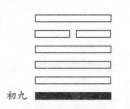

初九

初九，无交害，匪咎。艰则无咎。

### 爻意分析

初九爻虽阳居阳位，但与本卦之主六五爻相距甚远，无比无应，与位置相对的九四爻亦不能相应，独立无恃。"无交害"意谓不与事物相交涉，所以没有祸害。初九爻象征富有而地位低下的人，与六五爻、九四爻均不相交涉，没有利害关系，没有咎害。

用大车运载货物出行，无害，因为有良好之工具、设备。

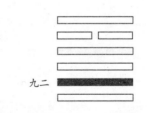

九二

九二，大车以载，有攸往，无咎。

### 爻意分析

九二爻为阳爻，故有刚健之气；居于阴位，又兼谦和之德；居下卦之中位，能以中道而行；上与本卦之主六五爻阴阳相应，为之倚重与信任。九二爻处于大有丰盛之时，所承载虽然盛大，但还没有到达顶点，又与六五爻相应，所以可以前往而没有咎错。

九三

### 爻意分析

九三爻阳居阳位，乘九二爻阳刚强健之上，而履得阳刚之位，与九五爻同功而异位，威权达到了极盛的阶段。九三爻好像执守正道的封疆大吏，不把管辖之物据为己有，而将之送给天子，向天子做出物质上的贡献和精神上的敬意，增益天子的所有。

公侯向天子献礼，小人不能担当重任。

九三，公用亨于天子，小人弗克。

九四

### 爻意分析

九四爻阳居阴位，具内刚而外柔之质；然上近至尊之六五爻，下比分权之九三爻，身又处危惧之地。幸而九四爻刚而能柔，能够谦逊自处，不以富有骄人，自觉抑制减损自身的丰有盛大，所以得以免过。

富盛而不炫耀，无害。

九四，匪其尪，无咎。

他与人交往诚信明亮，威严，吉祥。

六五，厥孚交如，威如，吉。

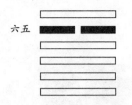

六五

**爻意分析**

六五爻阴居阳位，处本卦之尊位，柔而居中，有处事中正之象，故五阳爻俱心系之。六五爻居于尊位而能用柔守中，以诚信的态度与众阳爻交往，众阳爻因其诚信无私而心悦诚服，心生敬畏，六五爻威信因此而得以彰显。六五爻既能以诚信待下，又不失威严，因此盛大而得吉。

上天降下保佑，吉祥，没有不利。

上九，自天祐之，吉，无不利。

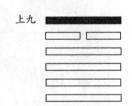

上九

**爻意分析**

上九爻居于大有卦之终，阳爻居于阴位，以刚顺柔，以阳从阴。上九爻亲比六五爻，为辅助君王之臣。将所拥有之物归诸六五爻，有自上天协助六五爻之象。因其富而不骄，不私蓄其所有，所以得到吉祥，无所不利。

上六　　
六五　　
六四　　
九三　　
六二　　
初六　　

谦　卦

谦：亨。君子有终。

初六，谦谦君子，用涉大川，吉。

六二，鸣谦，贞吉。

九三，劳谦，君子有终，吉。

六四，无不利，捣（huī）谦。

六五，不富以其邻，利用侵伐，无不利。

上六，鸣谦，利用行师征邑国。

《谦》卦象征谦虚：亨通。君子保持谦虚最终能有好结果。

谦虚有益，要始终坚持。

谦虚而又谦虚，君子用这种态度可以渡过大河，吉祥。

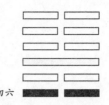

初六，谦谦君子，用涉大川，吉。

### 爻意分析

初六爻在《谦》卦中已是谦下之位，又处全卦最下位。初六爻前临互坎(六二、九三、六四)，坎为水，故言"用涉大川"，意为遭遇山难水险，重重阻碍，但是初六爻因其谦谦君子之风，即便跋山涉水，行难涉险，也可保处境无虞。

名声在外，但仍能保持谦虚，吉祥。

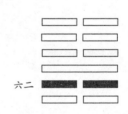

六二，鸣谦，贞吉。

### 爻意分析

六二爻阴爻居阴位，居中得正，有上升之势，意为事业成就稳步高升，前程远大，所以爻辞中写道："鸣谦。"鸣为鸣放，声名广扬之意。

九三

## 爻意分析

九三爻是《谦》卦之主，阳爻居阳位，当位得正，故而十分吉祥。九三爻与六二爻相辅相成，无应不合。九三爻上下皆为阴爻，一阳居于众阴之中，乃是下卦的上位，位高权重责任重大，自然劳心劳力，所以爻辞中写道："劳谦。"

功劳很大，但仍能保持谦虚，吉祥。

九三，劳谦，君子有终，吉。

六四

## 爻意分析

六四爻阴居阴位，象征柔顺守正。然而六四爻乘三承五，动辄有失误之忧。六四爻中带有小过，即很小的过失，所以即便有失也非大错。"㧑"为分散分裂之意，"㧑谦"意为将谦逊传播开来。

在事业上谦虚，没有不利。

六四，无不利，㧑谦。

不能和邻国共富的国家，可以对它进行征伐，没有不利。

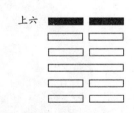

六五

### 爻意分析

六五爻阴爻居于君位，震慑之力较弱，难免有不甘心服从者出现。所以此时应当与志同道合的邻国联合，共同将不服从者制服以断绝后患。

六五，不富以其邻，利用侵伐，无不利。

名声在外，但仍能保持谦虚，用这种态度出兵征讨邑国有利。

上六

### 爻意分析

上六爻是《谦》卦的最上一爻，主身居高位之意，而"鸣谦"意为此时虽然身份显赫，却未改初衷，依然秉持和宣扬谦逊之道。"征邑国"意为动用军队去征讨邻近小国。《谦》卦的核心要义是谦逊，但是有些骄横跋扈的人是无法用谦德之心去感化的，那么只有用更强硬的方式解决问题了。

上六，鸣谦，利用行师征邑国。

上六
六五
九四
六三
六二
初六

豫 卦

豫：利建侯行师。

初六，鸣豫，凶。

六二，介于石，不终日，贞吉。

六三，盱豫，悔，迟有悔。

九四，由豫，大有得，勿疑。朋盍簪。

六五，贞疾，恒不死。

上六，冥豫，成有渝。无咎。

《豫》卦象征欢乐：利于建立诸侯出征打仗。

此卦说明民众对于国家心悦诚服时，必然乐于为国家出征。

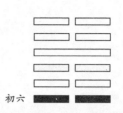

初六

人有名声而耽于享乐，凶险。

初六，鸣豫，凶。

### 爻意分析

初六爻阴居阳位，有失正体，且初六爻阴柔居于卦之初位，其地位卑下而又不中不正，却与本卦唯一的阳爻九四爻相应。这就好像一个行为不端的小人居于下位却因与上层有势力者拉上关系而洋洋自得，乃是凶险之兆。

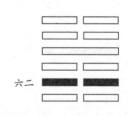

六二

坚贞如石，不用一天就明白坚守中道，吉祥。

六二，介于石，不终日，贞吉。

### 爻意分析

六二爻阴居阴位，位置中正。爻辞中"介于石"主静，"不终日"主动，但六二爻的静并非沉寂不动，而是要在暗中静观其变，周围的福祸、事态的吉凶则可一目了然。

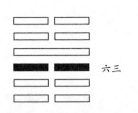

六三

### 爻意分析

六三爻阴居阳位，位置不当，有失稳妥。好在六三爻受到所处的阳位之影响，对于自身的失误已经有所醒悟，爻辞中第一个"悔"字，悔在醒悟自己已经失掉了最好的时机，第二个"悔"字是对于自身决策的后悔。

贪慕他人那样放肆享乐，会有悔恨，迟疑不改，又有悔恨。

六三，盱豫，悔，迟有悔。

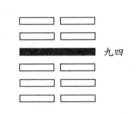

九四

### 爻意分析

九四爻是《豫》卦中的主爻，也是本卦中唯一的阳爻，虽居于阴位，但阳刚之气盖过阴气，所以于自身干扰不大。其他五爻，在其上者为朋友，在其下者为随从，而九四爻的凝聚力很强，可以将各类人等都会聚在自己的身边。

人们由于他而得到欢乐，必将大有所得，但不能猜忌。这样朋友就都聚集来了。

九四，由豫，大有得，勿疑。朋盍簪。

坚守正道防止疾病，人能永久健康。

六五，贞疾，恒不死。

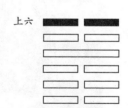
六五

## 爻意分析

六五爻身处主位之尊，而强臣九四爻在下威望极高，不免令六五爻有所顾忌。六五爻身为阴爻，身居刚位，力不从心，对自身的掌控之力较差，沉溺于享乐安宁之中。但是只要不失其中正之位，便可确保无性命之虞。

沉迷享乐成性，但能及时改好就无害。

上六，冥豫，成有渝。无咎。

上六

## 爻意分析

上六爻阴居阴位，尊位之六五爻已经纵情于声色，而上六爻又处《豫》卦之终，终极之爻沉溺享乐，乐极必定生悲，爻辞中的"无咎"实为警醒之言。此时悬崖勒马，浪子回头，还来得及。

上六
九五
九四
六三
六二
初九

## 随 卦

随：元亨，利贞，无咎。

初九，官有渝，贞吉，出门交有功。

六二，系小子，失丈夫。

六三，系丈夫，失小子，随有求得。利居贞。

九四，随有获，贞凶。有孚在道，以明，何咎？

九五，孚于嘉，吉。

上六，拘系之，乃从维之，王用亨于西山。

《随》卦象征追随：人有元创、亨通、利物、坚守正道之美德，人都愿意随从之，无危害。

身为尊贵君子而不吝委身求教他人，学问渊博者能够不耻下问，如此舍弃自身强势而随从他人，自然能进德修业，日有所成。这就是《随》卦的要义。

做官要懂得变化之理，又能坚守正道，吉祥，前往与人交游必能成功。

初九

初九，官有渝，贞吉，出门交有功。

### 爻意分析

初九爻阳居阳位。"渝"，意为变动、改变，"官有渝"意为因官家的命令，而导致自身发生变动。"贞吉"意为安守中正则会吉祥，"出门交有功"意为出门与人交往便会得到功劳和利益。

追随了小子，却失去了丈夫。

六二

六二，系小子，失丈夫。

### 爻意分析

六二爻阴居阴位，虽得正，但过于柔弱，以女人取相，有心中无坚守之志，难以安于寂寞之迹象，对于所邻近的初九爻，有依附之势。

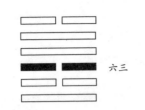

六三

### 爻意分析

六三爻阴居阳位，依旧做女相，"系丈夫，失小子"之爻辞意为此爻与六二爻相比已经开始拨乱反正，放弃了不切实际的想法，重新依附于九五爻，是弃下而随上之势。

追随了丈夫，却失去了小子，追随就会有，追求就能得。坚守正道乃为有利。

六三，系丈夫，失小子，随有求得。利居贞。

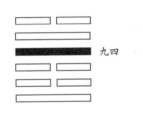

九四

### 爻意分析

九四爻是阳爻，居于一卦之尊的九五爻之下，意为强臣辅佐强盛的君主，相得益彰。"随有获"意为跟随在君主的身后，就会有所收获——官禄的封赏。但是爻辞中道"贞凶"，意为九四爻阳居阴位，身居不正，难免生出些不当的心思，并因此而扰乱言行。

追逐能有所收获但不免相争，坚守正道以防凶险。行路有诚信，又能明察，这样能有什么害处呢？

九四，随有获，贞凶。有孚在道，以明，何咎？

九五

对美德者广施诚信，吉祥。

九五，孚于嘉，吉。

## 爻意分析

九五爻阳爻居于尊位，代表居尊而得正，爻辞中的"孚"为信服、信用之意，"嘉"意为美善的人物与事情。九五爻的爻辞意为一国之君以诚恳之心治国，唯善是从，感化天下，并因此得到天下臣民的信服与赞美，吉祥。

上六

绑了他，又放走了他，获释后的周文王在西山举行祭祀大礼。

上六，拘系之，乃从维之，王用亨于西山。

## 爻意分析

上六爻是阴爻，身处本卦最高之位，任何事物到了极致之时，往往产生逆向的变化，于是，此爻中的"随"开始向着"不随"发展。象征上六爻不易随从于人，此爻是《随》卦中的无妄之卦。无妄即无妄之灾的意思，在《随》卦中出现了《无妄》卦，有因为追随的问题而惹来灾祸的意思。

上九　▬▬▬
六五　▬▬▬
六四　▬▬▬
九三　▬▬▬
九二　▬▬▬
初六　▬▬▬

蛊：元亨。利涉大川，先甲三日，后甲三日。

初六，干父之蛊，有子，考无咎。厉，终吉。

九二，干母之蛊，不可贞。

九三，干父之蛊，小有悔，无大咎。

六四，裕父之蛊，往见吝。

六五，干父之蛊，用誉。

上九，不事王侯，高尚其事。

## 蛊 卦

《蛊》卦象征要拯弊治乱：大亨通。利于渡过大河。物极必反，宜先想好"甲"日前三天的情况，然后定好"甲"日后三天的治乱方针。

《蛊》卦论述的重点在于蛊乱发生之后，如何拯救弊端，整治乱事，也就是治蛊乱之道。

纠正父辈积累的弊端，这种儿子能继承先业而且于父辈没有危害。即使有危险，也终能获吉祥。

初六

初六，干父之蛊，有子，考无咎。厉，终吉。

## 爻意分析

初六爻阴居阳位，爻辞中的"蛊"是弊端祸害之意，"干父之蛊"意为干预、纠正父辈所犯下的弊端与失误，避免因此会造成的祸害与影响。"厉，终吉"的意思是，心中应当时刻警醒明白这些隐患的厉害与危急，及时弥补，最终可得到吉祥的结局。

纠正母辈的过失，情势难行时不能强行，要守正以待。

九二

九二，干母之蛊，不可贞。

## 爻意分析

九二爻身处下卦居中之位，与处于本卦尊位的六五爻相对应，呈辅佐之势，处于尊位的六五爻是《蛊》卦中的阴爻，阴柔的统治者领导阳刚的下属，恰与爻辞中的"干母之蛊"之说相符。爻辞中父母之称谓，只是比喻，在理解上不必拘泥。

九三

### 爻意分析

九三爻阳居阳位，身端位正，阳气刚猛无亏，此爻与初六爻一样，都是"干父之蛊"，但九三爻此时眼看父亲所犯下的过错已经愈演愈烈，难免心生急躁而出现矫枉过正的问题，但这些局面都是暂时的，大节不亏，不会背负太大的错责。

纠正父辈的过失，小有不幸，但无大害。

九三，干父之蛊，小有悔，无大咎。

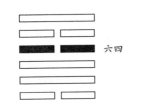

六四

### 爻意分析

六四爻阴居阴位。九三爻阳刚之气过猛，而六四爻与之相反，以其重柔之气居正位，志向纯净，行事却难免优柔寡断，缺少决策之力，尤其是见到尊长犯了错误时，往往无法直接指正，而是持着宽容拖延的态度，所以出现悔恨的结果。

放任父辈的过失，这样发展下去会出现危险。

六四，裕父之蛊，往见吝。

纠正父辈的过失，会得到称赞。

六五，干父之蛊，用誉。

六五

### 爻意分析

　　六五爻以阴柔之身居于本卦的尊位，六五爻位高权重却安守中正之道，有承顺父辈的德行，"干父之蛊，用誉"意为纠正了父亲因被蛊惑而犯下的错误，并且对外宣称这改正错误的功劳在父亲身上，因此保住了父亲的声誉。

不去侍奉王侯，以培养自己的志向为重。

上九，不事王侯，高尚其事。

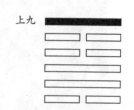

上九

### 爻意分析

　　上九爻阳居阴位，与同为阳爻的九三爻并不相应和，好比同殿侍君的两位臣子，脾气、志向大相径庭。上九爻心怀高远，志向凌云，不愿自己被世俗之事干扰，将逍遥物外看作至高无上的行事准则。

上六
六五
六四
六三
九二
初九

## 临 卦

临：元亨，利贞。至于八月有凶。

初九，咸临，贞吉。

九二，咸临，吉，无不利。

六三，甘临，无攸利；既忧之，无咎。

六四，至临，无咎。

六五，知临，大君之宜，吉。

上六，敦临，吉，无咎。

《临》卦象征自上至下治理民众之事：大亨通，利于坚守正道。到了阳气日衰的八月有凶险。

临为尊贵者屈就卑贱者，阳刚下临阴柔，也就是以尊降卑、以刚临柔的意思。

用感化的政策治理百姓，正固吉祥。

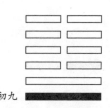

初九

### 爻意分析

初九爻阳居阳位，与本卦六四爻阴阳应和，而六四爻与处于尊位的六五爻相邻近，是近君之臣，初九爻与君王的近臣相和，说明同样是受到君王信任的臣子。

初九，咸临，贞吉。

用感化的政策治理百姓，吉祥，没有不利。

九二

### 爻意分析

九二爻居于下卦的中位，居中得正，又与处于尊位的六五爻相应和，身份地位更高于初九爻。九二爻比起初九爻之意气昂然，更多了持重与使命感，处本卦之尊位的六五爻阴柔而无所作为，全靠九二爻与初九爻勠力辅佐，而初九爻又有听命于九二爻之势。

九二，咸临，吉，无不利。

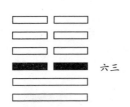

六三

### 爻意分析

六三爻阴居阳位，阴柔失正，好比资质平平之人，心中对自己怀有较高的期望。六三爻与初九爻相应和，其阴柔得到初九爻阳刚之力的协助，然而这种协助是六三爻以巧言妄语、施惠于人换取的，并非初九爻与之意气相投，出于欣赏而自发做出的帮助。

用巧言令色来治理百姓，无利可得；若是已经知道忧虑这种政策了，则无害。

六三，甘临，无攸利；既忧之，无咎。

六四

### 爻意分析

六四爻阴居阴位，位置得当，虽柔而不失其正。爻辞中的"至临"，意为正处于极好的位置上，以居高临下之势管理下属。因六四爻柔顺中正，所以对待下属既公正严明又不失以礼，所以爻辞中道"无咎"，意为毫无错咎。

用极为亲和的态度治理百姓，无害。

六四，至临，无咎。

用明智的政策治理百姓，这是君主的适宜的做法，吉祥。

六五

六五，知临，大君之宜，吉。

### 爻意分析

六五爻处于尊位，如同一国之君，位于外卦之中，在《临》卦中是节卦，"节"是节制有度之意。爻辞中的"知临"意为将自己的知识与智慧加于平日的接人待物、处理国事之中；"大君之宜，吉"意为用一国之君的大气作风去处理身边事宜，必定会吉祥。

用诚恳厚道宽容的政策治理百姓，吉祥，无害。

上六

上六，敦临，吉，无咎。

### 爻意分析

上六爻为阴爻，在《临》卦中是《损》卦，意为此爻可以做到自我减损，性格忠厚，所以爻辞中道"敦临，吉，无咎"，意为诚恳朴实的监临者，可以做到削减个人的利益而增益于民众，此举大得人心，民众被他的行为感动，大加拥戴，监临者的做法，毫无错误，非常吉祥。

上九
九五
六四
六三
六二
初六

观 卦

观：盥而不荐。有孚颙（yóng）若。

初六，童观，小人无咎，君子吝。

六二，窥观，利女贞。

六三，观我生，进退。

六四，观国之光，利用宾于王。

九五，观我生，君子无咎。

上九，观其生，君子无咎。

《观》卦象征观仰：观看用酒洒地迎神。即使没看到向神供献祭品，心中已充满了虔信恭敬。

《观》卦强调君王应当仰观天道，俯察民情，以身作则，行不言之教。政令深入人心，臣民则顺从。

像儿童一样幼稚地观仰事物，在小人不算过失，在君子则有害。

初六，童观，小人无咎，君子吝。

初六

### 爻意分析

初六爻阴居阳位，身居不正，距离处本卦尊位的九五爻甚远，观察周围环境与自己应当仰望的九五爻，却因为视线模糊不清，而难以看明白。

暗中偷偷地观仰，有利于女子坚守正道，但对于君子来说就不好了。

六二，窥观，利女贞。

六二

### 爻意分析

六二爻阴居阴位，有阴云蔽日之象，且六二爻是《观》卦中的涣卦，"涣"是涣散之意，爻辞中的"窥观"解释为暗中偷看，也有暗地里有所谋求之意。"利女贞"意为此时六二爻心摇志动，应当如同女子守贞一般才能得到利益。

六三

### 爻意分析

六三爻阴居阳位，是《观》卦中的《渐》卦，"渐"为逐渐、循序渐进之意。爻辞中道"观我生，进退"，意为先观察自己所处的境遇与局势，以保证自身生存为目的，以德行为标准，谨慎地做出前进或是后退的决策，不可凭自己的臆想急功近利，必须循序渐进，时刻反省。

观察自己的成长过程，以决定进退。

六三，观我生，进退。

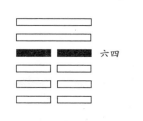

六四

### 爻意分析

六四爻阴爻阴位，居中守正，且邻近《观》卦中处尊位的九五爻，乃是国君身边亲近的重臣。想要实现自己的志向，最为有利的做法是成为幕下之宾，以臣子的身份去辅佐君王治理天下。

观仰国家的光荣，明白这时出仕辅佐君主有利。

六四，观国之光，利用宾于王。

观察自己的成长，时时自省，这样君子就可以无咎害。

九五

九五，观我生，君子无咎。

### 爻意分析

九五爻阳爻居于阳位，乃是一卦之君主，乘时得位，自上俯下，其影响力如中天之日，普照天下。观的意图与结果便是明，而《观》卦之大用在于，将自己所观之结果明示于人，在九五爻身上意为应当向天下施以明德仁政。

观察别人的成长，从中借鉴，这样君子就可以无咎害。

上九

上九，观其生，君子无咎。

### 爻意分析

上九爻为阳爻，居于上极之地，此时上九爻极则生变，如同天上的太阳已经偏西，处于无可作为的境地，但若是君子处于此境地，则无论返本还源还是功成身退，都毫无错咎。因为君子行事，进依从于道，退亦依从于道，退则独善其身，进则思虑天下。

上九
六五
九四
六三
六二
初九

噬嗑卦
shì hé

噬嗑：亨。利用狱。

初九，屦校灭趾，无咎。

六二，噬肤灭鼻，无咎。

六三，噬腊肉遇毒，小吝，无咎。

九四，噬干胏（zǐ），得金矢。利艰贞，吉。

六五，噬干肉得黄金。贞厉，无咎。

上九，何校灭耳，凶。

《噬嗑》卦象征啮合：亨通。利于决断刑事案件。

　　口中有物，嘴巴不能合拢，必须将其咬断，嘴才能合上。推演到人事方面，必须用刑罚除去强暴作梗的小人，社会才能安宁。

脚拖着刑具，脚趾被伤及，倒也无害。

初九，屦校灭趾，无咎。

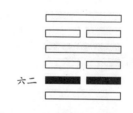

初九

## 爻意分析

初九爻是阳爻，爻辞中写道"屦校灭趾"，"屦校"意为双脚被套上了枷锁，用以限制其行动，是惩戒罪犯的举措；"灭"为伤灭，指用刑具而使脚趾受伤，并非砍足，这意味着对罪犯还有改造的期许，"无咎"意为这种惩戒对于犯罪者来说十分得当，毫无过咎。

偷吃肉，被施割鼻的轻刑，由此惩前毖后，所以说也无害。

六二，噬肤灭鼻，无咎。

六二

## 爻意分析

六二爻是阴爻，位于初九爻之上，柔居柔位，却以阴凌阳，如同一得势的小人出于私心而压制有才能的下属，长此以往必然给自身带来麻烦，引致灾祸。

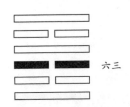

六三

### 爻意分析

六三爻阴爻居于阳位，身居不正，阳遇阴爻是爻辞中遇毒的原因。"噬腊肉遇毒，小吝，无咎"意为腊肉在储藏时变了质，但所幸是干肉中所含有的毒素毒性较轻。引申意为，弊端的积累不在朝夕之间，一直未被察觉。

吃坚硬的腊肉，遇毒，未咽，小有不好，没有大害。

六三，噬腊肉遇毒，小吝，无咎。

九四

### 爻意分析

九四阳爻居于阴位，身居不正，想施行之事必定受到阻碍，爻辞中道"噬干胏，得金矢"，是说口中吃着带骨头的干肉脯，竟然吃到了金属的箭头。这种突兀的情况，有柔在外而刚居其内之象，寓意为内有乾坤，意外之收获。

吃带骨的干肉脯，吃到铜箭头。在艰难中要坚持守正，吉祥。（"噬干胏"比喻办事，"得金矢"比喻办事遇到了艰难；扔掉金矢，肉还可继续吃，比喻艰难可除，所以说吉祥。）

九四，噬干胏，得金矢。利艰贞，吉。

吃干肉，吃到黄金。固守正道，勤勉努力，终可无害。（黄金吃进肚里能致病，甚至致死，比喻事有危险；"得黄金"比喻发现了危险，终获无害。）

六五，噬干肉得黄金。贞厉，无咎。

肩扛着刑具，耳朵被割掉，凶险。

上九，何校灭耳，凶。

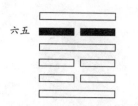

六五

### 爻意分析

六五爻是阴爻，居于本卦的尊位，原本以柔乘刚，以阴居阳是不当的，但是，六五爻虽然是阴爻，与其邻近的九四爻与上九爻却皆为阳爻，六五爻处于两阳之间，上爻下爻对之皆有辅助，乃是个得当的位置，六五爻身居正位又生逢其时，是本卦之大用卦。

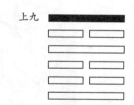

上九

### 爻意分析

上九阳爻处于一卦之极。全卦之富贵已经止于六五爻，如今上九爻虽然高高在上，却毫无地位，上下不得呼应协助，既无用武之地，又无可立之功，每卦的终极之爻都会面临如此境地，但是《噬嗑》卦中的上九爻这种境况尤其严重，所以此爻反吉为凶。

上九
六五
六四
九三
六二
初九

贲 卦
bì

贲：亨。小利有攸往。

初九，贲其趾，舍车而徒。

六二，贲其须。

九三，贲如，濡如，永贞吉。

六四，贲如皤如，白马翰如。匪寇，婚媾。

六五，贲于丘园，束帛戋戋，吝，终吉。

上九，白贲，无咎。

《贲》卦象征文饰：亨通。前往有小利。

　　《贲》卦探讨的是事物需不需要文饰的问题，也就是"质"与"文"、本质与表象的关系。

修饰自己的脚，舍车走来。

初九，贲其趾，舍车而徒。

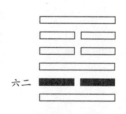

初九

### 爻意分析

初九爻是《贲》卦的初始之阳爻，爻辞中"贲"为文辞修饰，表面意为修饰好了脚趾之后，舍弃坐车改为徒步而行，实际上是指文饰的阶段，初九爻之"贲"，此时如同人之足趾，尚在最低的阶段。

修饰自己的胡子。

六二，贲其须。

六二

### 爻意分析

六二爻上应和本卦处尊位的六五爻，外接应九三爻，以自己之阴柔去文饰阳刚，其阴在内而阳在外，柔中居正，德行具备，虽然居于下位，却大有追随上面的九三爻而升起的志向。

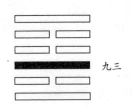

九三

## 爻意分析

九三爻是阳爻，上爻六二爻与下爻六四爻同为阴爻，九三爻位于两阴之间，备受瞩目，将得到这两爻共同的文饰。文饰到了九三爻这里开始呈现文过饰非的走势。爻辞中的"贲如"便是"贲"至此已经过盛之意，"濡如"意为其文饰过于华丽充盈，充盈便会使人有满溢之感。

扮靓了，又与人相润泽，长期坚守正固必然吉祥。

九三，贲如，濡如，永贞吉。

六四

## 爻意分析

六四爻阴爻居于阴位之上，与初九爻应和。《贲》卦中全仗阴柔来文饰阳刚，六四爻重柔之身，虽然未处于尊位，但是因为性至柔，擅长文饰一切，且文饰并不像其他爻一般绚烂华丽，而是自然，真诚，有返璞归真之象，实为《贲》卦之大用。

打扮得美素，骑白马奔来。他们不是抢劫的，是求婚的。

六四，贲如皤如，白马翰如。匪寇，婚媾。

装点山丘田园，礼物却是微薄的丝帛，这样求婚就难了，但终获吉祥。

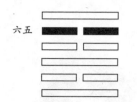

六五

### 爻意分析

六五爻是本卦的尊位之爻，身为阴爻，居于中位，是位阴柔的君主。六五爻来到初九爻的隐居之地，通过文饰而邀请他出山，为自己效力，虽然六五爻贵为君主，却丝毫没有影响到两人的关系，君臣之间最终的结果是吉祥的。

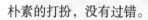
六五，贲于丘园，束帛戋戋，吝，终吉。

朴素的打扮，没有过错。

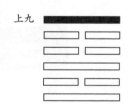

上九

### 爻意分析

上九阳爻是《贲》卦的终极之爻，无疑会面临所有终爻共同的问题——穷极返始，《贲》卦以文饰为用，到了穷极之时，原本华美富丽、绚烂多彩的文辞已经转变成为无色无形、质朴平实言语。

上九，白贲，无咎。

上九
六五
六四
六三
六二
初六

**剥 卦**

剥：不利有攸往。

初六，剥床以足，蔑，贞凶。

六二，剥床以辨，蔑，贞凶。

六三，剥之，无咎。

六四，剥床以肤，凶。

六五，贯鱼以宫人宠，无不利。

上九，硕果不食，君子得舆，小人剥庐。

《剥》卦象征剥落：前往不利。

　　文饰的华美发展到一定程度会向反面转化，精美的床足剥落就是其象征。

床腿剥蚀了，床将毁掉，应守正道，以防凶险。

初六，剥床以足，蔑，贞凶。

初六

### 爻意分析

爻辞中道"剥床以足，蔑"，意为床脚因腐朽而脱落，床将被剥落。初六爻处一卦初始却遇到这样的爻辞，有基层不稳定、潜藏隐患之象，若是不谨慎检查，恐生大祸端。此床乃比喻国家，此种境况已经威胁到了君王的政权，应当固守自省，以防不测。

床身与床足脱落，床板剥蚀了，床将毁掉，应守持正道，以防凶险。

六二，剥床以辨，蔑，贞凶。

六二

### 爻意分析

六二爻身为阴爻，居于下卦之中位，本来居身得正，其位安稳，不易为剥落所影响，但是此时事态的发展已经到了危及六二爻的界域。此时事态恶化，床身已经倾斜，六二爻孤立无援，只得仰仗自身的中正，固守持正以防备凶险。

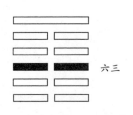

六三

## 爻意分析

六三爻是阴爻居于阳位，虽然身为阴柔者，但是有阳刚之质。六三爻身居阴位，本应受小人剥之所害，但是因为与上九阳爻相应和，刚柔相济，能得到朋友的援助，声应气求，同仇敌忾，依旧能做到固守君子之道，居于险地而不遭受凶险。

床腿和床板都处剥落时，却无咎害。

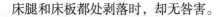

六三，剥之，无咎。

六四

## 爻意分析

六四爻是阴爻居于阴位，又是上卦之初始，与六二爻同有剥至于床之象。此时，六四爻因床随时都会倾覆，所以身心难以安稳。六四爻正当小人之道亨通之际，遭受剥害，处境无可退守，所以有凶无吉。

床面剥蚀，凶险。

六四，剥床以肤，凶。

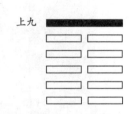

六五

像穿在一起的鱼一样的宫女依次得到君王的宠爱，没有不利。

六五，贯鱼以宫人宠，无不利。

**爻意分析**

六五爻是《剥》卦的尊位之爻，身在阳位，虽然是阴柔之身，但是所幸阴依附在阳之上，并非重阴，因身处于尊位，才能与德行都非其他阴爻所能相比，志向也迥出伦辈。虽然柔弱却能统领众爻，皆因之有贞固之心。

上九

硕大的果子没被摘食，这意味着君子将得到车马，小人将失去房子。

上九，硕果不食，君子得舆，小人剥庐。

**爻意分析**

上九爻是《剥》卦的终极之爻，并且是本卦中唯一的阳爻。位处于极，奉行之道则趋于穷尽，而《剥》卦之上九爻便是一个极为明显的例子。上九爻以阳之身应对卦中群阴，虽然势单力孤，但是因为所处的位置十分有利，刚好可以运用自己的极位而衍生变化。

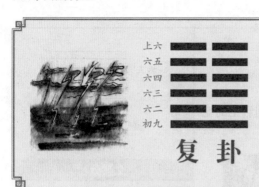

上六
六五
六四
六三
六二
初九

**复 卦**

复：亨。出入无疾。朋来无咎。反覆其道，七日来复，利有攸往。

初九，不远复，无祗悔，元吉。

六二，休复，吉。

六三，频复，厉，无咎。

六四，中行独复。

六五，敦复，无悔。

上六，迷复，凶，有灾眚。用行师，终有大败；以其国，君凶，至于十年不克征。

《复》卦象征阳气恢复，事物复兴：亨通。出入无病。朋友也都挺好。在路上往来，七天就可一个来回，前往有利。

《复》卦为阳刚渐长之卦，出入皆合时宜而没有病害。朋友也会前来结伴，为生长兴旺之象。

走出不远就返回正道来，没有大悔恨，大吉。

初九

### 爻意分析

初九爻阳爻居于阳位，居身得正，为《复》卦之大用爻。初九爻是全卦唯一的阳爻，全卦之生机皆系于其一身，所以虽然身处最下之位，但都是《复》卦之主爻。爻辞中道"不远复，无祗悔，元吉"，指出行并没有多远，便折返而回，大吉祥。

初九，不远复，无祗悔，元吉。

美好的回复，吉祥。

六二

### 爻意分析

六二阴爻居于正位，原本是重阴之身，但所幸邻近阳爻初九，大有以阴就阳之势。爻辞中"复"有成全初九爻复返之道的意思，凡在《复》卦爻辞中带复字之爻，皆与阳爻之意相合不悖，愿促之成事。其成就与才能虽然难比初九爻，但是因中正仁和，可以吉祥无忧。

六二，休复，吉。

六三

## 爻意分析

六三爻阴居阳位，其位与上六爻应和，志同道合。爻辞中的"频"，一是形容六三爻反复，二有皱眉之意，指六三爻对自己言行的修正并不情愿。六三爻见初九爻之阳刚微弱，不能胜过阴柔，于是心生疑虑。这也是他反复的原因之一。

皱着眉头回来，有危险，终获无害。

六三，频复，厉，无咎。

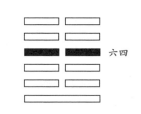

六四

## 爻意分析

六四爻阴爻居于阴位，居身得正，与初九爻上下应和，大有阴柔者遵从、辅助阳刚者之势。六四爻夹于两个阴爻中间，是为中行，而与初九爻是正向应和的位置，作为唯一的与初九爻相应之爻，其情弥专，是为独复。自爻辞上看，六四爻是奉行中正之道的，行为举止毫无偏颇。

持中行正，专心回复。

六四，中行独复。

诚恳地返回，无悔。

六五，敦复，无悔。

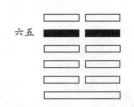

六五

### 爻意分析

六五爻是阴爻，居于上卦中位，居中得正，内心敦厚。虽然居于尊位，但是却失位于阳爻初九爻，所以对于初九爻并无应和。六五爻虽然失位，却毫无狭隘怨愤之心，而是敦厚自省，诚心向善，虽然不占吉祥，但是因守德以复，并无后悔与错咎。

迷失回来的路，凶险，有祸。行军打仗，结果大败；连他的国君也有凶险，以至于十年不能出兵作战。

上六，迷复，凶，有灾眚。用行师，终有大败；以其国，君凶，至于十年不克征。

上六

### 爻意分析

上六爻是阴爻，处于极位之上。事情到了极致的时候，形势会反转，这是事物循环的常理。《复》卦全卦亨通，待到了上六爻这里，运数气势都已用尽，致使上六爻倒行逆施，与之前五爻作为大相径庭。"至于十年不克征"，意为造成的恶果用十年的时间都难以弥补。

| | |
|---|---|
| 上九 | 无妄：元亨，利贞。其匪正有眚，不利有攸往。 |
| 九五 | 初九，无妄往，吉。 |
| 九四 | 六二，不耕获，不菑畬，则利有攸往。 |
| 六三 | 六三，无妄之灾，或系之牛，行人之得，邑人 |
| 六二 | 之灾。 |
| 初九 | 九四，可贞，无咎。 |
| | 九五，无妄之疾，勿药有喜。 |
| | 上九，无妄行，有眚，无攸利。 |

## 无妄卦

《无妄》卦象征不妄为：大为亨通，守持正固
有利。如果不守正道，就会遭灾，前往不利。

《无妄》卦说明守正的人才能无妄。不妄
为需要自省，也需要好友与之互相警示。

不胡来妄为，前往会吉祥。

初九，无妄往，吉。

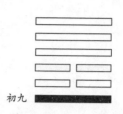

初九

### 爻意分析

初九爻为阳爻，居于阳位，居身得正，内心纯正，毫无隐晦之处，且阳气刚猛，意气昂扬，一副积极上进的姿态，是《无妄》卦之主爻。与初九爻相应和的九四爻也是阳爻，所以初九爻因为有所辅助，更加稳妥。重刚纯阳之爻处于众阴之下，是谦恭谨慎、不妄言妄动之象，前程必定吉祥。

不耕种，不在乎收获，不开荒，无意于良田，人心平和如此，外出去做事则有利。

六二，不耕获，不菑畬，则利有攸往。

六二

### 爻意分析

六二爻阴爻居于下卦之中位，与本卦处于尊位的九五爻相呼应，刚柔相济，内外相合。六二爻以阴顺阳，因此得到了九五爻的信任倚重。

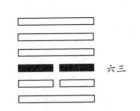

六三

### 爻意分析

六三爻的爻辞意为并未妄言妄动，灾祸便凭空临身，有村民将牛系于道旁，过路之人看见之后将牛偷走，牛的主人回来见失了牛，怀疑是附近的邻居所偷，这种无端的猜忌，令这位邻人遭受了难以解释的冤枉。

没有胡来妄为却遭灾了，有人拴牛在外，路人顺手把牛牵走了，这就是邑人的灾祸。

六三，无妄之灾，或系之牛，行人之得，邑人之灾。

九四

### 爻意分析

九四爻邻近本卦之尊爻九五爻。伴君如伴虎，是以九四爻的心中常怀不安。君王身侧，言行稍有差池，便会大祸临头，所幸九四爻为阳刚之爻，谦恭守正，行事光明磊落，恪守无妄之道，为修身正德的君子，所以毫无过咎。

固守正道，无害。

九四，可贞，无咎。

没有胡来妄为而得的小病，不吃药也能好。

九五，无妄之疾，勿药有喜。

九五

## 爻意分析

九五爻是阳爻，居中得正，作为一卦之尊，无妄而无为，顺应天命，恭顺自然。爻辞意为九五爻并因未妄为而损身，却患上了疾病，此病全为外因所致，所以不必以医药治疗，稍后便会自行痊愈，身上的疾病不药而愈，怎不令人欣喜？

不要胡来妄为，不然将有灾，无利可得。

上九，无妄行，有眚，无攸利。

上九

## 爻意分析

上九爻为阳爻，处于阴位，居位不正，又是《无妄》卦中的终极之爻，所以事事更需谨慎小心。此时正是《无妄》卦的穷极反转之时。爻辞是说，上九爻不可妄动，宜静守，若所有行动必会招致灾祸，对自身毫无益处。

上九
六五
六四
九三
九二
初九

**大畜卦**

大畜：利贞；不家食，吉；利涉大川。

初九，有厉，利已。

九二，舆说輹。

九三，良马逐，利艰贞；曰闲舆卫，利有攸往。

六四，童牛之牿，元吉。

六五，豮（fén）豕之牙，吉。

上九，何天之衢（qú），亨。

《大畜》卦象征大为积蓄：有利于守持正道；不守食于家，而是外出做事业，吉祥；渡大河有利。

才德俱佳之君子，不应自食于家，而应出仕食禄，贡献所学，兼善天下。

有危险，暂时停止行动有利。

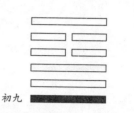

初九

### 爻意分析

初九爻是居于阳位之阳爻，不仅居身得正，而且是纯阳重刚之爻，有奋发而起之象，易躁动而贸然行事。但是，初九爻一阳初始，根基还未稳固，此时并不适宜有太大的举措，若是急功近利，必定招致灾祸。

初九，有厉，利已。

车轴脱了车厢。

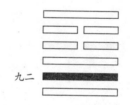

九二

### 爻意分析

九二爻阳爻居于阴位，与本卦尊位的六五爻相应和，以九二爻之刚行六五爻之柔，两爻不甚协和，导致九二爻其志难抑，其情易躁，因此爻辞中有"舆说辐"之说，意为在行进中车辇下面与车辕相连接的木头掉落，致使车辇难以继续前行。

九二，舆说辐。

九三

## 爻意分析

九三爻阳爻居阳位，居身得正，与六四爻刚柔相济，甚为协和，兼之承接九二爻之积蓄，阳气充盈，又得上下辅助，大有奋而进取之势。且本卦之上九爻与九三爻同为奋进之爻，所以相互间有角逐之势。

驾着良马奔驰，意味着牢记艰难的事有利；每天练习驾车术和防卫术，这样就能前往有利。

九三，良马逐，利艰贞；曰闲舆卫，利有攸往。

六四

## 爻意分析

六四爻阴爻居于阴位，是重柔之爻。爻辞意为将还未长角的小牛头部绑上横木，这种防微杜渐的做法，是为了让小牛日后即便长出犄角也无法顶伤人，这是喜庆吉利的事情。

小牛角上有横木挡着，伤不到人，大吉。

六四，童牛之牿，元吉。

阉割过的大猪虽有牙齿却伤不到人，吉祥。

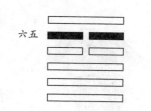

六五

### 爻意分析

六五阴爻位于本卦的尊位，与九三阳爻相应和。六五爻是得居正位的阴爻，上接上九爻，下应六四爻，能顺天之时，能因地之利，能假人之和，容易积育成果。蓄之用此时已经有所成就。"豕之牙"所指的是野猪之前能伤害人的利器，去势之后已经形同虚设，不足为患，所以一切吉祥。

六五，豮豕之牙，吉。

何等四通八达的天上的大道，亨通。

上九

### 爻意分析

上九爻为本卦的终极之爻，是处于极位的阳爻。一阳在上，其素养德行、物质的积累都已达到顶峰。爻辞说"何天之衢，亨"，意为上九爻身负重任，承担天之正道，积蓄已经饱满，又遇《大畜》卦之极时，此时大川已经跋涉而过，艰难险阻已经没有，万事亨通。

上九，何天之衢，亨。

上九
六五
六四
六三
六二
初九

颐 卦

颐：贞吉。观颐，自求口实。

初九，舍尔灵龟，观我朵颐，凶。

六二，颠颐，拂经于丘颐，征凶。

六三，拂颐，贞凶；十年勿用，无攸利。

六四，颠颐，吉。虎视眈眈，其欲逐逐，无咎。

六五，拂经，居贞吉；不可涉大川。

上九，由颐，厉吉。利涉大川。

《颐》卦象征颐养：谨守贞正可获吉祥。观察天下的颐养之道，就知人应该自己努力用正道求得食物。

《颐》卦蕴含着颐养生命的道理。

舍掉灵龟的自养美德，却贪看我吃得鼓起来的腮帮，凶险。

初九，舍尔灵龟，观我朵颐，凶。

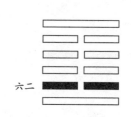

初九

### 爻意分析

初九爻虽然一阳居下，但是阳爻得处阳位，居身得正，既有阳刚在外，又质美于内，志在升腾，有奋起之象。但是《颐》卦接续《大畜》卦，意为积蓄丰盈之后应当以安养为妥，使得之前的蓄储可以绵延继续。

既颠倒向下求获颐养，又反常理跑去高丘向尊者乞食，前往就凶险了。

六二，颠颐，拂经于丘颐，征凶。

六二

### 爻意分析

六二爻阴爻居于阴位，居身得正，原本自养无虞，但是爻辞说六二爻弃自养而求养于阳爻初九，后来又有意随众爻一起求养于卦主上九爻，但是途中会遇到六三爻、六四爻、六五爻众阴爻阻挡。六二爻此举本末倒置，拂逆《颐》卦之本意，所以其行途多凶险。

六三

### 爻意分析

六三阴爻居阳位，居身不正。爻辞意思是六三爻拂逆颐养之正道，阴柔而贪求物欲，难以安守贞静，反而妄动妄行，再这样下去，实为凶险之象。这种影响会持续干扰六三爻十年的时间，其间六三爻毫无作为，没有任何利益。

违反颐养常道，要坚守贞正以防凶险；十年不能有所行动，无利可得。

六三，拂颐，贞凶；十年勿用，无攸利。

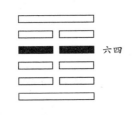

六四

### 爻意分析

六四爻阴爻处于阴位，身居得正。"颠颐，吉"，意为颠倒了颐养之道却获得吉祥。"虎视眈眈，其欲逐逐，无咎"，意为其目光如老虎般专注，并追逐目标，锲而不舍，没有错咎。

颠倒向下寻求颐养，再用以养人，吉祥。像老虎紧盯猎物，对猎物紧追不舍，无害。

六四，颠颐，吉。虎视眈眈，其欲逐逐，无咎。

违背常理，静居守正可获吉祥；不可渡大河。

六五，拂经，居贞吉；不可涉大川。

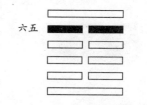

六五

### 爻意分析

六五爻是《颐》卦之尊位的阴爻，如同一位阴柔的君主，其才德尚且不足以自养，更别提颐养天下了，因上有阳气刚猛的贤者上九爻，于是顺从其上，仰仗上九爻的供养。六五爻为君主之身，本应济给天下，却反赖他人之养，有悖颐养之道。

天下君民都赖他颐养，有危险，终获吉祥。渡大河有利。

上九，由颐，厉吉。利涉大川。

上九

### 爻意分析

上九爻是本卦之大用。这一点与其他卦有所不同。其他卦每当终极之时，多半已经竭尽所用，数尽时穷，又或终极反转，鲜有如《颐》卦之上九爻一般，身负救世济国重责而大展所用的。《颐》卦之大道，凡拂逆为凶，顺正为吉，上九爻谨遵颐养之要义，进取有为。

上九
九五
九四
九三
九二
初六

**大过卦**

大过：栋桡；利有攸往，亨。

初六，藉用白茅，无咎。

九二，枯杨生稊，老夫得其女妻，无不利。

九三，栋桡，凶。

九四，栋隆，吉。有它，吝。

九五，枯杨生华，老妇得其士夫，无咎无誉。

上六，过涉灭顶，凶。无咎。

《大过》卦象征过度、过分：栋梁弯曲；利于前往，亨通。

　　《大过》卦说明当形势咄咄逼人的时候要明智地积极调整自己，以便转危为安。

用白茅衬垫祭品，无咎害。

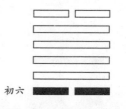

初六

初六，藉用白茅，无咎。

## 爻意分析

初六爻是阴爻，阴柔之爻居于卑微之地，才能浅薄，注定不会有大的作为。爻辞的意思是初六爻预先用白茅草制作成垫子，待到祭祀时将此垫放在祭品下面，以显示自己对所祭拜的天地上苍与先祖的虔诚恭敬之心，这样的做法毫无错咎。

枯杨树抽嫩芽，老年人娶得年少娇妻，没有不利。

九二

九二，枯杨生稊，老夫得其女妻，无不利。

## 爻意分析

九二爻阳爻居于阴位。爻辞意为，枯朽的老杨树忽然生出新芽，年老的男人娶年轻的女子为妻，没有不利之处。

九三

## 爻意分析

九三爻阳爻居阳位，是重刚之身，有因刚而有违中和之嫌，行事对人不得转圜，不懂变通，刚愎自用，自恃而行，长此以往无人愿意辅佐支持，其事业发展势必大受影响。

栋梁弯曲，有凶险。

九三，栋桡，凶。

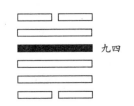

九四

## 爻意分析

九四爻阳爻居阴位，本身已经刚柔协调，并不像九二爻与九三爻一样阳气过于刚猛，所以九四爻再与初六阴爻相应，就偏于阴柔了，这反倒成了九四爻的负累，但是好在其情可吝，并不会造成什么严重的后果，九四爻只需要自身警醒，远离初六阴爻便可平安无事。

栋梁隆起，吉祥。假如有意外变故，还是有危险。

九四，栋隆，吉。有它，吝。

枯杨树开花，老妇人嫁给少夫，无害也无赞誉。

九五，枯杨生华，老妇得其士夫，无咎无誉。

九五

### 爻意分析

九五爻阳爻居于阳位，是重阳之身，有阳气过盛之嫌，于是与位于极位的重阴之爻上六爻相应和，爻辞意思是，枯朽的杨树重新绽放花朵，年老的妇人嫁给年轻的男子为妻，此举虽然说不上有错咎，但也不值得称道。

过河时水没过头顶，有凶险。终究无害。

上六，过涉灭顶，凶。无咎。

上六

### 爻意分析

上六爻是《大过》卦的终极之爻，阴爻居于阴位，自身柔弱无能，且又处于盛极必衰之时，此时大过之用已经竭尽，于是乘物极必反之天道，由极高落至极低，虽在上位反而沉沦于下，所以爻辞意为，涉水之时遭遇灭顶之灾，极为凶险。

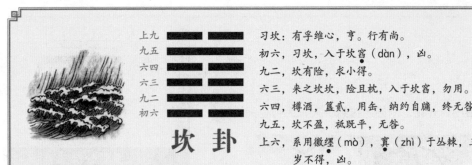

上九
九五
六四
六三
九二
初六

## 坎 卦

习坎：有孚维心，亨。行有尚。

初六，习坎，入于坎窞（dàn），凶。

九二，坎有险，求小得。

六三，来之坎坎，险且枕，入于坎窞，勿用。

六四，樽酒，簋贰，用缶，纳约自牖，终无咎。

九五，坎不盈，祗既平，无咎。

上六，系用徽纆（mò），寘（zhì）于丛棘，三岁不得，凶。

《坎》卦象征坎险重重：用诚信维系人心，亨通。努力前行必得成功。

《坎》卦要说明如何排难脱险。

坑中有坑，进入坑中，掉进深处，凶险。

初六，习坎，入于坎窞，凶。

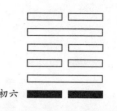

初六

### 爻意分析

初六爻身为阴爻，虽在阳位，但其位低下，呈下潜之势。"习坎"意为两坑重叠，即坑中有坑，"窞"为地穴或指陷阱，"入于坎窞"是说初六爻落入了深深的陷阱之中，难寻出路，形势十分危险。

在坑穴中遇有危险，可以先从小处努力，能有所得。

九二，坎有险，求小得。

九二

### 爻意分析

九二爻阳爻居于阴位，虽然自身阳刚，但是上下爻皆是阴爻，其阳刚之气为重阴所遮蔽，如同被小人所包围，无法脱离，难以得志，所以爻辞意为九二爻遭遇危险，但是已经找到了脱离困境的办法，虽然目前还无法完全脱险，但是也算小有成就。

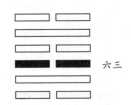

六三

## 爻意分析

六三爻阴爻居于阳位，居身不正，位于下卦与上卦中间，成夹陷之势，故而其四周都是坑坎，又因之以阴柔乘凌九二爻之阳刚，有失德行中正，难以施展作为。

来去都在坎险之中，进退都难，进入坑中，掉进深处，这意味着不可盲目行动。

六三，来之坎坎，险且枕，入于坎窞，勿用。

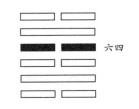

六四

## 爻意分析

六四爻阴爻居于阴位，与六三爻境遇相同，也为众坎所围困，但与六三爻不同的是，六四爻居身得正，适宜有所作为。尤其是六四爻邻近本卦之尊爻九五，大有亲近阳刚君主，仰仗其阳相助自己之意。

一樽酒，两碗饭，用缶装着，从窗口里送进取出，终获无害。

六四，樽酒，簋贰，用缶，纳约自牖，终无咎。

坑里的水还未满溢，只是已经和坑边持平了，无咎害。

九五，坎不盈，祗既平，无咎。

## 爻意分析

九五爻为《坎》卦的尊位之爻，位同君主，身为阳爻而居于阳位，居身得正，有安邦济世之才，在《坎》卦中最得中道。爻辞意思是，坎中之水流动但并不会满溢出来，恰好与坎的边缘持平，比喻九五爻虽然身处于坎中却并不会遭遇危险，因为坎中之险已经消除，所以不会出现灾祸，没有错咎。

被绳子捆住了，投进监狱，三年不得释放，凶险。

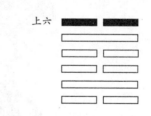

上六，系用徽纆，寘于丛棘，三岁不得，凶。

## 爻意分析

上六爻是阴爻，阴柔之身，能力低微，又处于终极的险地，有失德失道之象。"系"为拘系，"徽纆"是指捆绑犯人时所使用的绳索，三股绳为"徽"，两股绳为"纆"。爻辞的意思是说，将犯人捆绑着送入监牢，长达三年没有释放，凶险。

上九
六五
九四
九三
六二
初九

离 卦

离：利贞，亨。畜牝牛吉。

初九，履错然，敬之，无咎。

六二，黄离，元吉。

九三，日昃之离，不鼓缶而歌，则大耋之嗟，凶。

九四，突如其来如，焚如，死如，弃如。

六五，出涕沱若，戚嗟若，吉。

上九，王用出征，有嘉折首，获匪其丑，无咎。

《离》卦象征附丽：守贞正之道有利，亨通。蓄养母牛可获吉祥。

人如果蓄养如牝牛一般的柔顺之德，又依循正道而行，当可得吉。

步履错乱，但很快能恭敬行事，无害。

初九，履错然，敬之，无咎。

初九

### 爻意分析

初九爻阳爻居于阳位，阳气刚猛，躁然好动，其位在全卦最下，位置相当于人的足部，所以爻辞中以履来做喻。爻辞意为，因为太过急躁地行动，导致脚步有些错乱，但是很快便能自省，恭敬谨慎地行事，所以没有错咎。

见到附丽着黄金色彩的物品（指富贵之物），大吉。

六二，黄离，元吉。

六二

### 爻意分析

六二爻阴爻居于阴位，柔顺居正，是《离》卦中的大有之卦，象征六二爻必定大有收获。"黄离"，是形容六二爻在《离》卦之中如同黄色一般居中得正，德行、时运、位置、天数，事事俱佳，极为完满。所以爻辞中道"元吉"，意为六二爻至善至美，大为吉祥。

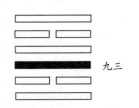

九三

### 爻意分析

九三爻阳爻居于阳位，但因处于下卦之极，有阳气刚猛失中之象。初九爻如初生之日，而九三爻"日昃"，为偏西向晚之日，如同一位年华老去的垂暮之人因为自己的垂暮而忧心忡忡，失去了鼓缶而歌的兴致，嗟叹感伤自己已经衰老，这种情绪会令人心志沉靡。

见到太阳西斜，附着天边的云彩，如果不及时敲起瓦盆纵歌，那么就会因为老朽而叹气，凶险。

九三，日昃之离，不鼓缶而歌，则大耋之嗟，凶。

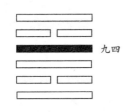

九四

### 爻意分析

九四爻阳爻居于阴位，居身不正，重刚失中，且居于处尊位的六五爻之旁，此为多惧之地；又与其下的九三爻同为阳爻，无法协和互助，所以爻辞意为，九四爻阳刚之气过盛，暴躁之气犹如突如其来的火焰般烧起，这种祸患有死弃之象，十分凶险。

突然而来，像是火在燃烧，会有生命危险，会被抛弃。

九四，突如其来如，焚如，死如，弃如。

践大位，为新君，为悼念先君泪水滂沱，哀愁叹息，吉祥。

六五，出涕沱若，戚嗟若，吉。

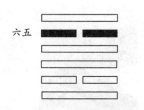

### 爻意分析

六五爻处于《离》卦的尊位，身为阴爻而居于阳位，如同一位秉性阴柔且居位不正的君主，身为君主却难以表现出君主的威严，且之前强臣九四爻仰仗自身阳气旺盛，竟然施行纵火逼宫之举，虽然最终将其乱平定，但是九四爻的叛乱所造成的结果，令六五爻深感忧虑。

君主任用他出征，建功业，斩获了敌首，捉住了他们许多人，无害。

上九，王用出征，有嘉折首，获匪其丑，无咎。

### 爻意分析

上九阳爻位于《离》卦的终极之位，其阳刚明智达到了顶点，可纠正邪风，监察恶行，征伐不义。上九爻承君主之命带领兵将出征讨伐，心中刚正，在征伐的过程中只会惩戒作恶的首脑，而对于盲目跟随和被迫胁从的民众会宽厚处置，所以其行为毫无错咎。

上九
九五
九四
九三
六二
初六

**咸　卦**

咸：亨，利贞。取女吉。

初六，咸其拇。

六二，咸其腓，凶。居吉。

九三，咸其股，执其随，往吝。

九四，贞吉，悔亡。憧憧往来，朋从尔思。

九五，咸其脢，无悔。

上六，咸其辅颊舌。

《咸》卦象征交感：亨通，有利于坚守贞正。娶妻吉祥。

《咸》卦以男女之相感应为喻，论述感应之道。

感应在大脚趾上。

初六，咸其拇。

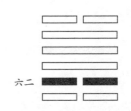

初六

## 爻意分析

《咸》卦之中的六爻，均是借人体不同的部位做喻。初六阴爻处于一卦初始，居位在下，如同人体的脚趾部位，对世间事物的感应尚属轻微。爻辞意为，大脚趾与其他脚趾互触，交相感应。初六爻与九四爻阴阳相济，互为呼应。

感应到了小腿肚，有凶险。安静一下，别躁进，吉祥。

六二，咸其腓，凶。居吉。

六二

## 爻意分析

六二爻阴爻居于下卦之中，与处本卦尊位的九五阳爻相应和，有柔顺者能安守心中中正，且居中得正之意。《咸》卦中的"咸"是感应之意，爻辞是说六二爻有感应的地方已经升至小腿，这是很危险的。有所守才能无失，才能避免突如其来的祸患，获得吉祥。

九三

## 爻意分析

九三爻阳爻居于阳位，重刚之身，阳气刚猛，躁然好动，与上六阴爻相应和，爻辞意为九三爻的感应已经到了大腿之上，若是执意追随着自己的欲望行动，妄行妄动，必然灾祸临身。

感应到了大腿，如果他执意盲目随从别人，继续前往，则会有令人悔恨之事。

九三，咸其股，执其随，往吝。

九四

## 爻意分析

九四爻阳爻居于阴位，居身不正，在《咸》卦以五体所做的比喻中，是心脏的位置。爻辞意为只要能持守心中的贞静中正，便会获得吉祥，最终也不会后悔自己的决定；朋友间的交往不断，但是都会遵从九四爻的意愿。

人道之事是正理，吉祥，悔恨会消失。心神不安地频繁往来，友朋最终会遂了你的心思。

九四，贞吉，悔亡。憧憧往来，朋从尔思。

感应到了背部，这样不会导致什么悔恨。

九五，咸其脢，无悔。

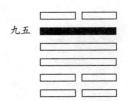

九五

### 爻意分析

九五爻是处于尊位的阳爻，居于脊背的位置，在心脏的背面。处尊位之爻如同一卦的君主，应当感应天下臣民，但九五爻只与六二爻相应和，眼界不够开阔，志向不够高远。爻辞意为九五爻之感应在脊背的位置，与六二爻应和当正，没有什么可后悔的。

感应到了脸颊和口舌上。

上六，咸其辅颊舌。

上六

### 爻意分析

上六爻是《咸》卦中的阴爻，居于全卦的终极之位，其位置相当于人的头脑。爻辞意为，上六爻之感上升到面颊与口舌上，这两个部位在讲话时都是能起到作用的。

上九
六五
九四
九三
九二
初六

恒：亨，无咎，利贞，利有攸往。

初六，浚恒，贞凶，无攸利。

九二，悔亡。

九三，不恒其德，或承之羞，贞吝。

九四，田无禽。

六五，恒其德，贞，妇人吉，夫子凶。

上六，振恒，凶。

## 恒 卦

《恒》卦象征恒久，阴阳和谐：亨通，无害，持贞守正有利，前往有利。

恒为恒常、恒久之意。《恒》卦由《巽》《震》两卦组成。从人事上看，巽为长女，居内卦，震为长男，处外卦。长男为夫而动于外，长女为妇而顺于内，男主外而女主内，阴阳和谐，男女各安其分，夫妇之道方恒久。

初六

好似挖河，开始就一味急切求深，不是恒久之道，凶险，无利可得。

初六，浚恒，贞凶，无攸利。

### 爻意分析

初六爻阴爻居于阳位，处于一卦初始，虽然是阴柔之身，却有躁动之意。爻辞意为，固执地一味追求事物的深度，追根究底急切地想找到阳刚的恒久之道，此种行为超越了自身能力范围。这种固执是错误的，除了会带来凶险，毫无利处。

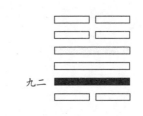

九二

悔恨消失。

九二，悔亡。

### 爻意分析

九二爻阳爻居于阴位，居身不正，行必有失，容易做出令自己后悔的事情。但所幸九二爻阳刚不为阴郁所遮蔽，因此能固守中正仁和之道，所以身端表正，言语无差。爻辞"悔亡"，意为九二爻全无后悔之事。

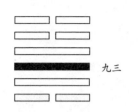

九三

### 爻意分析

九三爻阳爻居阳位，与上六阴爻相应和，刚健而善动，无法如九三爻般守中持久。爻辞意为，九三爻因其躁动不安而难以保持恒久的德行，并且会因此而招致羞辱。无法安守贞正的行为，最终会导致自己众叛亲离，无处容身。

不能长久保持德行，有时会蒙受羞辱，要守正以防留下憾事。

九三，不恒其德，或承之羞，贞吝。

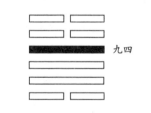

九四

### 爻意分析

九四爻身为阳爻却居于阴位，有行事偏颇之象。"田"是狩猎之意，"禽"为鸟兽的统称，此句话意为九四爻守候在没有猎物的地方，却毫无觉察，不去反省徒劳无功的原因。

打猎无收获。

九四，田无禽。

能长存柔顺的德行，对女子来说吉祥，对男子来说凶险。

六五，恒其德，贞，妇人吉，夫子凶。

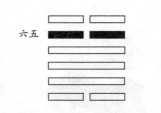

六五

### 爻意分析

六五爻是《恒》卦之尊爻，身为阴爻而居于中位，意为阴柔者奉行中正之道。六五爻与九二阳爻相应和，大有以阴从阳之势。爻辞意思是妇人将守一的德行持之以恒，是非常吉祥的事情，会带来好运，而换做男人如此行事，却会招致祸患凶险。

长久动荡，无恒人之道，凶险。

上六，振恒，凶。

上六

### 爻意分析

上六阴爻是《恒》卦的终极之爻，行物极必反之循环，有阴柔者难以持之以恒，无法安守中正之象。爻辞意为，上六爻之恒心有所动摇，难以持久，是凶险的征兆。

上九
九五
九四
九三
六二
初六

遁：亨。小利贞。

初六，遁尾，厉，勿用有攸往。

六二，执之用黄牛之革，莫之胜说。

九三，系遁，有疾厉；畜臣妾吉。

九四，好遁，君子吉，小人否。

九五，嘉遁，贞吉。

上九，肥遁，无不利。

# 遁 卦

《遁》卦象征退避：亨通。阴长阳消之时，有小利，但不失正道。

《遁》卦二阴自下而上，是阴渐长而阳渐消的时候。阴喻小人，阳喻君子。小人渐盛，正当其用，君子当退而避之。

退避时落在后面，危险，不宜前往。

初六

初六，遁尾，厉，勿用有攸往。

### 爻意分析

初六阴爻是初始之爻，《遁》卦之道在于据时而退，初六爻位置低下，犹如事情之尾末，是以爻辞意为，初六爻在退避的过程中处于最后的位置，因避之不及，致使途中出现变故，情况十分危急，此时应暂停脚步，静观局势变化，不可再继续行动。

用黄牛皮绳捆住，谁也脱不掉。

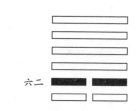

六二

六二，执之用黄牛之革，莫之胜说。

### 爻意分析

六二爻阴爻居于阴位，与处于尊位的九五阳爻相应和。爻辞意为，六二爻如同被坚韧结实的黄牛皮绳所捆绑，无法解开。六二爻如同一位忠心不二的臣子，恪守人臣之道，其辅佐九五爻的心意坚决，绝不会做背主遁逃的事情。全卦唯此一爻毫无遁避之意。

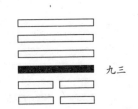

九三

### 爻意分析

爻辞意为，九三爻遁避之念，但因牵挂六二爻，心中犹豫不决，导致自己的遁退之路产生阻滞。此时的九三爻心力交瘁，身染疾患，处境十分危险，同时受自身病情与所处的形势限制，不可有大的作为。做出安于享乐、沉溺于情欲的样子，令得势的小人掉以轻心，借以躲避伤害，终于转凶成吉。

九四

### 爻意分析

九四爻为《遁》卦之中居于阴位的阳爻，乃是一位能预见和把握退隐时机的明智君子。九四爻与初六阴爻相应和，大有亲近之象。爻辞意为，心中有所牵挂和喜好，但是依旧无法阻止退隐的步伐，君子能够做到，小人难以完成。

心怀系恋，未能退避，身患疾病有危险；蓄养男臣女妾吉祥。

九三，系遁，有疾厉；畜臣妾吉。

心有牵挂与喜好却毅然退避，君子吉祥，小人办不到。

九四，好遁，君子吉，小人否。

嘉美而及时地隐遁，坚守贞正获吉祥。

九五，嘉遁，贞吉。

### 爻意分析

九五爻是阳居中位，与本卦的六二爻相应和，阴阳互济，且六二爻也是居中之爻，行端表正，所以不会以自己的阴柔去干扰九五爻的阳刚。爻辞意为，九五爻能居安思危，在貌似平静的现状中预想到了潜伏着的危机，因而做出遁避的选择，这种遁避应当得到赞美，且能得到吉祥。

远走高飞去隐遁，没有不利。

上九，肥遁，无不利。

### 爻意分析

上九爻是《遁》卦的终极之爻，阳爻居于高位，无所束缚，前行无阻，且居全卦之上，其积蓄也必充盈，是以爻辞说上九爻对于隐遁之事准备充分，此时隐遁之路亨通，上九爻从容地带着自己的积蓄，按着制定好的计划退隐，随身携带的财物可以保障周全生活，所以没有任何不利之处。

上九
六五
九四
九三
九二
初九

**大壮卦**

大壮：利贞。

初九，壮于趾，征凶，有孚。

九二，贞吉。

九三，小人用壮，君子用罔，贞厉。羝羊触藩，羸其角。

九四，贞吉，悔亡。藩决不羸，壮于大舆之辐。

六五，丧羊于易，无悔。

上六，羝羊触藩，不能退，不能遂，无攸利，艰则吉。

《大壮》卦象征壮大强盛：坚守贞固有利。

在大壮之时，唯有固守正道才能有利。

脚趾健壮（比喻有实力），出征肯定有凶险。

初九

### 爻意分析

初九爻身为阳爻而居于阳位，重刚躁动。爻辞意为，初九爻之健壮只在脚趾，却误认为全身都很强壮，且自视过高，认为自己的能力可以行征服之举，无疑会为自身带来凶险。

初九，壮于趾，征凶，有孚。

贞静固守可获吉祥。

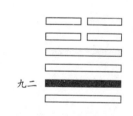

九二

### 爻意分析

九二爻是阳爻而居于阴位，居位不正，但九二爻与六五阴爻相应和，阴阳相济，互为辅助，是以能安守中正之道，以静守之姿态养护其壮。爻辞意为，九二爻之举措，毫无偏差，阴阳平衡，稳定和缓，贞静固守，安享吉祥。

九二，贞吉。

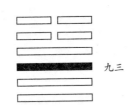

九三

### 爻意分析

九三爻阳爻居于阳位，重刚之身，躁动而难以自持。若不加以节制，便会如同以角顶篱笆的公羊一般，导致其角为篱笆所卡，难以脱身，落入进退维谷、难以自救的境地。小人若是得势，遇到问题便会施用武力，欺凌镇压，而君子不会有如此行径。

小人滥用强力，君子不会滥用强力，守持正固以防危险。公羊触篱，角卡住了。

九三，小人用壮，君子用罔，贞厉。羝羊触藩，羸其角。

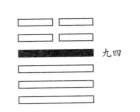

九四

### 爻意分析

九四爻是阳爻居于阴位，居身不正，但属上卦之初，《大壮》卦之壮至此到达顶点，因为本卦之壮是单对阳爻而论。九四爻之壮胜过之前三爻，有两个阴爻相辅助，又得到了初九爻的应和，刚柔相济，行动毫无阻滞，实为壮卦之大用。

守持正固，可获吉祥，悔恨消失。好似冲破篱笆也无损坏，比大车的轮辐还要强壮。

九四，贞吉，悔亡。藩决不羸，壮于大舆之輹。

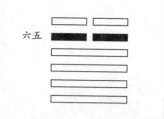
六五

在田地上丢了羊，无悔。

六五，丧羊于易，无悔。

## 爻意分析

六五爻位于本卦的尊位，是居于阳位的阴爻，居身不正，因而内心常怀忐忑，所幸位于上卦之中位，有能安守中和之象。爻辞意为，在田地上丢失了羊，羊的走失是因为好斗不驯服，且六五爻放羊之处属于是非之地，这之后再不会有不好的事情发生了，所以不必自悔。

上六

公羊触篱(角卡住了)，进退不得，无利可得，历经艰难后可转吉祥。

上六，羝羊触藩，不能退，不能遂，无攸利，艰则吉。

## 爻意分析

上六爻是《大壮》卦的终极之爻，身为阴爻，处于高位，处境颇为艰难。爻辞意为，公羊以角抵触藩篱，结果其角被卡在篱笆上，进退不能，这样的结果毫无利益可言，但是目前处境虽然尴尬，只要经过艰苦与磨练，自然会脱离困境获得吉祥。

上九
六五
九四
六三
六二
初六

晋 卦

晋：康侯用锡马蕃庶，昼日三接。

初六，晋如摧如，贞吉。罔孚，裕无咎。

六二，晋如愁如，贞吉。受兹介福，于其王母。

六三，众允，悔亡。

九四，晋如鼫（shí）鼠，贞厉。

六五，悔亡，失得勿恤；往吉，无不利。

上九，晋其角，维用伐邑，厉吉，无咎，贞吝。

《晋》卦象征上进：康侯蒙受天子赏赐的车马众
多，一天里多次受到接见。

康侯用锡马蕃庶，昼日三接。

进取之初有阻碍，持守正道则吉。初时不能见信于人，宽以待人则无咎害。

初六，晋如摧如，贞吉。罔孚，裕无咎。

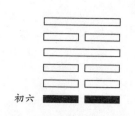

初六

### 爻意分析

初六爻是阴爻居于初始之阳位，居位不正，与阳爻九四爻相应和，刚柔相济，上下互应，相得益彰，成其功用。初六爻在前进还是后退之间有所犹豫，其心正直，故能吉祥，但是行动并不确定，所以没有得到应有的信任，其行动还要等待时机。

进取途中充满忧虑，守持正固可获吉祥。做事能从王母那里获得大福气。

六二，晋如愁如，贞吉。受兹介福，于其王母。

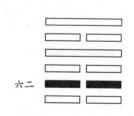

六二

### 爻意分析

六二爻居中守正，进而有其道，退而有所守，虽受困于阴，无法腾跃而起，大展宏图，但自身之力足够继续向前行进。六二爻又与君主六五爻对应，所以终能获得吉祥与很大的福气。

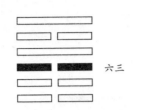

六三

## 爻意分析

六三爻身为阴爻而居于阳位，居位不正，又未得中。爻辞意为，六三爻因为志向积极而得到众人的一致信任与认同，六三爻借着众人之势上升，没有悔恨的事情。

众人都信服他，悔恨消失。

六三，众允，悔亡。

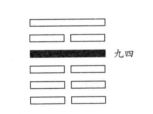

九四

## 爻意分析

九四爻身为阳爻而居于阴位，其位不中不正，以阳乘阴，因此心中常怀惴惴，行动举止忐忑不安。爻辞意为，九四爻在上升的时候如鼫鼠一般，畏缩懦弱，占卜中得到的是凶险的征兆。

进取之时，就像身无专技的鼫鼠一样，应守持正固以防危险。

九四，晋如鼫鼠，贞厉。

悔恨消失，不用忧虑得失；前往吉祥，没有不利。

六五，悔亡，失得勿恤；往吉，无不利。

进取到了事物顶端，如野兽用它的角进攻，这意味着可以出兵攻邑，起初危险，终获吉祥，无害，坚守贞固以防发生遗憾。

上九，晋其角，维用伐邑，厉吉，无咎，贞吝。

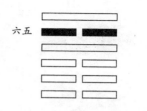

### 爻意分析

六五爻身居卦之正位，与六二爻正应，但两爻同阴，内外共柔，难以应和。阴爻居阳位，难免生出忐忑之心，但因居于上卦之中位，如日中天，有阴柔的君主能奉行中正之道之象，所以极为吉祥，之前的顾虑实属多余，所以六五爻只要放心大胆前行便可。

### 爻意分析

上九爻之势已经如偏西之日，心志虽然高远，但其气已经渐弱，当提早居高自省，俯视下方，寻找可退之路。居安思危方能临高而不惧。上九爻处于极位，时运已经穷尽，却躁然好动，盲目求进，对己虽然无害，但对百姓有伤，于其德行有损，所以上九爻在行动之后，会心生悔意。

| | |
|---|---|
| 上六 | 明夷：利艰贞。 |
| 六五 | 初九，明夷于飞，垂其翼。君子于行，三日不 |
| 六四 | 食。有攸往，主人有言。 |
| 九三 | 六二，明夷，夷于左股，用拯马壮，吉。 |
| 六二 | 九三，明夷于南狩，得其大首，不可疾贞。 |
| 初九 | 六四，入于左腹，获明夷之心，于出门庭。 |
| | 六五，箕子之明夷，利贞。 |
| | 上六，不明晦，初登于天，后入于地。 |

## 明夷卦

《明夷》卦象征光明殒伤：利于牢记艰难，守贞正固。

《明夷》卦喻示太阳落入地中，光明受到损害，君子要内文明而外柔顺，以度过危难。

在光明受到损害之时向外飞，低垂着羽翼。君子前往，几天没饭吃。前往办事，所到之处都受主人责备。

初九，明夷于飞，垂其翼。君子于行，三日不食。有攸往，主人有言。

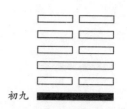

初九

## 爻意分析

初九爻是阳爻居于阳位。"明夷"意为光明受到遮蔽损伤，初九爻为一阳初始，有君子之阳刚被周围阴郁所掩盖之象。爻辞意为，鸟儿在夜色的掩映下低垂着翅膀，不再飞行，君子将要辞别原本的主人远行，临行之前三日，因为心怀别离的感伤，不进饮食，君子的主人因不明就里，见其反常之举不禁疑惑与责怪。

光明不见了，伤了左腿，得到壮马搭救，吉祥。

六二，明夷，夷于左股，用拯马壮，吉。

六二

## 爻意分析

六二爻是居于下卦中位之阴爻，处于阴位，居身得正，是《明夷》卦中的主爻，有柔顺之德，能安守中正。爻辞意为，在阴暗的天色中行走，左腿受伤，所幸前来救援的马十分强壮，这是吉祥的征兆。

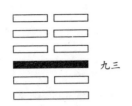

九三

### 爻意分析

九三爻阳居阳位，居于下卦之终，与上六阴爻两相呼应。上六爻居于《明夷》卦之最高位，正是遮蔽光明的昏暗君主。九三爻拥有重阳之身，阳气刚猛，有上升之志，又有凌云之势头，此时趁势乘时，大有将昏君推翻，为天下拨乱反正之象。

光明殒伤时去南边行猎，君子捕得大元凶祸首，不宜操之过急，还要守持贞正。

九三，明夷于南狩，得其大首，不可疾贞。

六四

### 爻意分析

六四爻身为阴爻居于阴位，乃是重阴之身，柔顺贞静，大有顺承之德行。爻辞意为，进入到心腹要害之地，获知了阴晦的真实情况，并因此做出了离开家门的选择。

退处于左方腹地，洞悉了光明殒伤的中心情况，终于毅然跨出门庭，向远方走去。

六四，入于左腹，获明夷之心，于出门庭。

像箕子一样处于光明殒伤之时，守贞则有利。

六五，箕子之明夷，利贞。

六五

**爻意分析**

六五爻身为阴爻，居于上卦之中位，邻近昏君上六爻，身在险地，危如临渊。爻辞意为，六五爻应当如箕子一般隐藏自己的智慧与真实心意，这样才能保证自身的安全。

天色不明，昏暗一片，太阳先是升空，后来落地。

上六，不明晦，初登于天，后入于地。

上六

**爻意分析**

上六爻是《明夷》卦中的终极之爻，身为阴爻，又处于阴霾之顶点，犹如一位至高无上却昏庸不明的君主。爻辞意为，上六爻不明而晦，最初升上了天空，但毫无德行，难以光照天下，最终坠入地下。

上九
九五
六四
九三
六二
初九

**家人卦**

家人：利女贞。

初九，闲有家，悔亡。

六二，无攸遂，在中馈，贞吉。

九三，家人嗃嗃，悔厉吉，妇子嘻嘻，终吝。

六四，富家，大吉。

九五，王假有家，勿恤，吉。

上九，有孚威如，终吉。

《家人》卦象征—家人：女子守持贞固有利。

古人认为，女子能守妇道，守持正固，家庭方能和乐，万事俱兴。

开始即防范邪恶，保有其家，悔恨消失。

初九，闲有家，悔亡。

初九

## 爻意分析

《家人》卦以家人相处及治家之道为要义。初九爻身为阳爻，居于阳位，又处于《家人》卦最初，象征治家之道伊始。"闲"字外有门而内有木，意为门户严谨，经过了加固与防护，说明主家之人的防范意识很强，事事考虑周全，预先准备，所以没有后悔的事情发生。

女子不用外出，不自作主张，在家打理家务，守持贞固，吉祥。

六二，无攸遂，在中馈，贞吉。

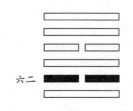

六二

## 爻意分析

六二爻阴爻居于阴位，乃是重阴之爻，处于下卦之中，其性阴柔恭顺，居中守正，如同一位尽职尽责、治家有方的主妇。爻辞意为，六二爻言行谨慎，不随意外出，其心全放在如何主持料理家中饮食起居等事宜上面，预示吉祥。

九三

## 爻意分析

九三爻是阳爻阳位，居于下卦之极位，阳气刚猛，身虽得正却并未居中，有身为一家之长，治家过为严格之象。爻辞意为，九三爻对家人态度严格，经常大声训斥，致使家人整日惴惴不安，导致家中成员产生逆反情绪，九三爻若及时调整，掌握好分寸与尺度，还是会得到吉祥的。

家人因治家严格而嗷嗷叫苦，有悔恨，有危险，终获吉祥，家人嘻哈作乐，起初亨通终变艰难。

九三，家人嗃嗃，悔厉吉，妇子嘻嘻，终吝。

九四

## 爻意分析

六四爻阴居阴位，且居身得正，谦顺恭和，上承九五阳爻，下应初九阳爻，既得辅助又有协同。爻辞意为，六四爻居位当正，处事得体，能够使家庭富裕，十分吉祥。

能使家里富裕起来，大吉。

六四，富家，大吉。

君王用大道美德感格众人，不用忧虑，吉祥。

九五，王假有家，勿恤，吉。

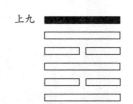

九五

**爻意分析**

九五爻身为阳爻，居于上卦之中，为《家人》卦的尊爻，如同家中的家长。九五爻刚正中和，宽严并济，治家有方，是最善于治家的人。自古以来，君王欲治国平天下，必自齐家做起。

有诚信，威严治家，终获吉祥。

上九，有孚威如，终吉。

上九

**爻意分析**

上九爻位于《家人》卦的终极。阳爻居于阴位，如同家中有威信的长者，受后辈儿孙的尊重与敬慕。爻辞意为，上九爻注重诚信与德行，平时的言谈举止和对晚辈的教导中都充满了威严。这并不是严厉，而是自身行端表正，自我要求很高，所以最终会获得吉祥。

上九 ▬▬▬
六五 ▬ ▬
九四 ▬▬▬
六三 ▬ ▬
九二 ▬▬▬
初九 ▬▬▬

## 睽·卦
### kuí

睽：小事吉。

初九，悔亡。丧马，勿逐自复。见恶人，无咎。

九二，遇主于巷，无咎。

六三，见舆曳，其牛掣，其人天且劓，无初有终。

九四，睽孤，遇元夫，交孚，厉无咎。

六五，悔亡。厥宗噬肤，往何咎？

上九，睽孤，见豕负涂，载鬼一车，先张之弧，
后说之弧；匪寇，婚媾；往遇雨则吉。

《睽》卦象征睽违背离：小心处事吉祥。

阴与阳、男与女，虽然彼此性质不同，但是却能互相感应而心志相通。

没有发生令自己后悔的事情。马匹丢失了就不要追赶，少顷它自己会找回家来。遇到了恶人，以礼相待，自身没有错咎。

初九

### 爻意分析

初九爻身为阳爻居于阳位，阳气刚猛，躁然好动，容易做出令自己后悔的冒失行为。初九爻遇到自己并不想看见的恶人，只要从容应对，以礼待之，令其毫无怨尤，便可保证自身的安全，是无咎之举。

初九，悔亡。丧马，勿逐自复。见恶人，无咎。

小巷里撞见主人，无咎害。

九二

### 爻意分析

九二爻阳爻居于中位，象征能安守中正之道。九二爻与尊爻六五爻正向应和，如同阳刚的贤臣与阴柔的明君志同道合，但迫于形势，无法登堂入殿觐见君主，只得相见于陋巷之中。但九二爻并未因环境的改变而对六五爻有任何失礼之处，所以其行为毫无错咎。

九二，遇主于巷，无咎。

六三

## 爻意分析

六三爻是居于阳位的阴爻，虽然与上九阳爻正应，但是因为居身不正，为阴柔者，才能低微却居于要位，行动遭受阻滞，难以与上九爻应和，且六三爻身为阴爻，不宜妄动，却因处于刚位强要行动，所以必定遭受艰险，但是后来得到了好的结局。

路上见到一辆大车，被拖拽难行，牛受牵制也无法前进，车夫是受过刺额和割鼻刑罚的人，事情开局不妙，但会有好的结果。

六三，见舆曳，其牛掣，其人天且劓，无初有终。

九四

## 爻意分析

九四爻阳居阴位，上下皆为阴爻，有被阴郁遮蔽、孤立无援之象。爻辞意为，九四爻原本处于与众人分离、独自一人的境遇，但遇到了一位志同道合的朋友，与之交往虽然会有危险，但是不会有错咎。

在背离、孤独之时与阳刚大丈夫遇合，两人彼此互信，有风险，终获无害。

九四，睽孤，遇元夫，交孚，厉无咎。

悔恨消失。与它相应的宗亲像咬噬柔嫩皮肤一样和顺应合，哪会有什么祸害呢？

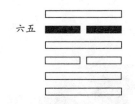

六五

六五，悔亡。厥宗噬肤，往何咎？

## 爻意分析

六五爻是居于阳位的阴爻，居身不当却处于尊位，是阴柔孱弱的君主。爻辞意为，没有后悔之事，六五爻自身柔弱，但是与九二阳爻正相应和，阴阳互济，大有辅助。六五爻虽是弱君，但是身边有九二爻这样的强臣辅佐保护，困扰也就迎刃而解了，没有错咎与灾祸。

背离孤独之时，看见猪背着污泥在跑，一辆车上载着一堆鬼怪一样奇形怪状的人，他张弓想射，后来放下弓，原来他们不是抢劫的，是求婚的；前去求婚；遇雨吉祥。

上九

上九，睽孤，见豕负涂，载鬼一车，先张之弧，后说之弧；匪寇，婚媾；往遇雨则吉。

## 爻意分析

上九爻是终极之爻，阳爻居于极位，预示上九爻阳刚到了极点，暴躁乖张，目空一切，且疑心深重。上九爻与六三爻本为正应，但因上九爻对六三爻心存疑虑，两爻难以应和，以至于六三爻奋力上行与上九爻接应。上九爻与六三爻尽释嫌隙，阴阳得以互济，得到吉祥。

上六
九五
六四
九三
六二
初六

蹇：利西南，不利东北；利见大人，贞吉。

初六，往蹇，来誉。

六二，王臣蹇蹇，匪躬之故。

九三，往蹇，来反。

六四，往蹇，来连。

九五，大蹇，朋来。

上六，往蹇，来硕，吉，利见大人。

## 蹇 卦
### jiǎn

《蹇》卦象征行走艰难：往西南去有利，往东北去不利；见大人有利，守持正固吉祥。

《蹇》卦象征行走艰难。

《蹇》卦喻示处在艰难之中，利于出现贤能有为的人奋起济难。

去时艰难，回时得到荣誉。

初六，往蹇，来誉。

## 爻意分析

初六爻阴居低位，不宜擅动，动则有险。爻辞意为，前进的途中会遇到险难，若退回来就会得到荣誉。爻辞中让初六爻静守并非任其久居"蹇"中，而是让其静待时机，顺应天时，再有所行动。

君主的臣子处困境，十分艰难，不是他谋于自身所致。

六二，王臣蹇蹇，匪躬之故。

## 爻意分析

六二爻居于阴位，居身得正，又与本卦之尊爻九五爻正向应和，如同一位正直恭顺的臣子，对待君主一片忠心。爻辞意为，君王的臣子六二爻处境十分艰难，但是身处险境是为了解救君主之难，其情可嘉，无论成败都没有错咎。

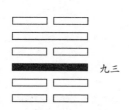

九三

### 爻意分析

九三爻是下卦之终爻，阳爻居于阳位，乃是重刚纯阳，居身得正，与上六爻正向应和，但是上六爻阴柔无力，又身处终极之位，毫无作为，所以难以对九三爻施以援手，九三爻呈孤立之势。爻辞意为，九三爻在前行途中遇到很多艰难险阻，于是原路退返回来。

去时艰难，回时返归原所。

九三，往蹇，来反。

六四

### 爻意分析

六四爻阴爻居于阴位，重阴之身，居身得正。六四爻位于上卦之始，已经有出蹇之势，只是自身是阴爻，与之正应的初六爻同为阴爻，两爻无法阴阳济和，没有协助，前行路上危险众多，以其自身之力，难以排除。爻辞意为，前面路途面临难以处置的危险，折返回来与下面的九三爻接洽联合。

去时艰难，回时又与九三爻等爻相联合。

六四，往蹇，来连。

碰上大难，朋友们纷纷来相助。

九五，大蹇，朋来。

**九五**

### 爻意分析

九五爻是本卦的尊爻，如同一国的君主，身为阳爻而居于阳位，居身得正，刚猛中正。爻辞意为，君主九五爻身处大难之中，十分危险，但因自身德行昭然，能安守中正，所以必定会有忠心的臣子前来解救其难。

去时艰难，回时有大成绩，吉祥，见大人有利。

上六，往蹇，来硕，吉，利见大人。

**上六**

### 爻意分析

上六爻居于极位，面临无路可走之险，所以应当及时回头。上六爻返回之后依附九五爻，如同臣子辅助君王，而九五爻正是上六爻爻辞中的大人，上六爻会因追随九五爻而得到功名利益。

上六 ▬▬ ▬▬
六五 ▬▬ ▬▬
九四 ▬▬▬▬▬
六三 ▬▬ ▬▬
九二 ▬▬▬▬▬
初六 ▬▬ ▬▬

解 卦

解：利西南；无所往，其来复吉；有攸往，
夙吉。

初六，无咎。

九二，田获三狐，得黄矢，贞吉。

六三，负且乘，致寇至，贞吝。

九四，解而拇，朋至斯孚。

六五，君子维有解，吉，有孚于小人。

上六，公用射隼于高墉之上，获之，无不利。

《解》卦象征艰难得到缓解：往西南去有利；没有外出无须缓解，从外返回，吉祥；前往时，早上出去吉祥。

君子在危险中行动，通过行动脱险了，所以卦名叫"解"。

险难初解，无咎害。

初六，无咎。

初六

## 爻意分析

初六爻是阴爻，是《解》卦的初始之爻，居于阳位，又与九四阳爻正相应和，柔顺谦恭，安于卑下，静守贞和。爻辞中道"无咎"，意为初六爻与九四爻阴阳互济，刚柔协和，毫无错咎。

猎得几只狐狸，捡到铜箭头，坚守正固可得吉祥。

九二，田获三狐，得黄矢，贞吉。

九二

## 爻意分析

九二爻阳爻居阴位，处于下卦之中，居身得正。下卦为坎，九二爻处于坎中，有陷落之象。所幸九二爻与本卦尊爻六五爻正向应和，又与九四阳爻交好，与六五爻阴阳相济，与九四爻两刚互助，得以脱离坎险，反陷为升。

六三

## 爻意分析

六三爻是阴爻居于阳位，居位不正，有阴柔小人窃居君子之位的嫌疑。爻辞意为六三爻身份卑微，原本不应当坐在贵人才能乘坐的车辇中，却因为自身负着重物，不愿耗费力气，而混入车中，以致招来了匪盗，有所损失，带来悔恨。

背着东西去坐车，招致强盗来抢，坚贞守正以防事情艰难。

六三，负且乘，致寇至，贞吝。

九四

## 爻意分析

九四爻阳居阴位，居身不正。《解》卦要义在于解除、解脱，驱逐小人。九四爻身为阳爻，是《解》卦中的君子，应当祛除小人，亲近君子，因为小人不离开，君子难招致，君子难与小人共处。"解而拇"即斥退小人，解脱与阴柔小人的纠缠，那么君子的朋类将接踵而来，诚心相应以共济天下。

像解开你的脚一样解脱小人的纠缠，真正的朋友会以诚心与你相应。

九四，解而拇，朋至斯孚。

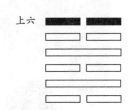

君子受绑了，又解开了，吉祥，并使小人相信只有弃恶从善才有前途。

**爻意分析**

六五爻为阴爻，居于《解》卦之尊位，柔顺谦恭，能持守中正之道。爻辞意为，君子唯有解脱了束缚，才能远离小人得到吉祥。而以诚信感化小人，才能令其不生事端。

六五，君子维有解，吉，有孚于小人。

王公在高大的城台上用箭射隼，射中了它，没有不利。

**爻意分析**

上六爻身为阴爻，处于《解》卦终极之位，有大成之象。爻辞意为，王公站在高大的城台上面，以弓箭去射隼，射中之后将其捕获，这种做法毫无不利之处。爻辞中所说的"隼"喻指小人六三爻。上六爻的做法乃是消除小人之势，增长君子之势，顺势顺时，所以毫无不利之处。

上六，公用射隼于高墉之上，获之，无不利。

上九
六五
六四
六三
九二
初九

损 卦

损：有孚，元吉，无咎，可贞，利有攸往。曷之用？二簋（guǐ）可用享。

初九，已事遄（chuán）往，无咎。酌损之。

九二，利贞，征凶，弗损益之。

六三，三人行，则损一人，一人行，则得其友。

六四，损其疾，使遄有喜，无咎。

六五，或益之十朋之龟，弗克违，元吉。

上九，弗损益之，无咎，贞吉，利有攸往，得臣无家。

《损》卦象征减损：心存诚信，大吉，无害，可以坚守正固，前往有利。减损之道怎样体现？两簋食物就可以用来献祭。

减损虚饰更可以表示出诚敬，只要内心诚敬，那么即使两簋至薄的祭品，也可以用于祭祀。

祭祀的事要赶快举行，无害。可以酌情减损自身的用度。

初九，已事遄往，无咎。酌损之。

初九

### 爻意分析

《损》卦之损为减损自身，是指放弃自己部分利益而使双方获利。初九爻位于《损》卦之初始，阳爻居于阳位，阳气刚猛，居身得正，与本卦六四爻正向应和，呈上升之志，有自损益上之象。

坚守正固有利，出征凶险，不用减损自己就可以施益于上方。

九二，利贞，征凶，弗损益之。

九二

### 爻意分析

九二爻是下卦的中爻，身为阳爻而居于阴位，与尊爻六五爻正向应和。九二爻自身阴阳平衡，为持守中正的阳刚者，有自给自足之象。是以，九二爻不必自损益上。爻辞意为，坚守正固有利，出去征战会遇到危险，在征战中不减损自身，就算是有所收益。

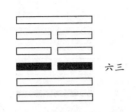

六三

## 爻意分析

六三爻以柔加刚，有失中之象，与六四爻难以相协互助，反为厉害，如同同行之友各持己见，导致情志不合而分开，所以爻辞中说六三爻的朋友会有减损。六三爻应和的是终爻上九爻。六三爻减损自己之阴去增益上九爻之阳，得到了上九爻的信任，顺利与之结为盟友。

三人同行，其中一人会受损，一人独行，就会得到友人。

六三，三人行，则损一人，一人行，则得其友。

六四

## 爻意分析

六四爻身为阴爻而居于阴位，是重柔之身，但居身得正，与初九阳爻正向应和，有助于守其中正。爻辞意为，六四爻的病势得到减损，疾病很快就要痊愈，有喜悦而无错咎。

病势得到减损，疾病很快就要痊愈，有喜悦，无害。

六四，损其疾，使遄有喜，无咎。

有人赏他价值十朋的大龟，无法推辞，大吉。

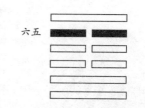

六五

六五，或益之十朋之龟，弗克违，元吉。

## 爻意分析

六五爻身为阴爻，居于尊位，乃是《损》卦中阴柔的君主，与九二阳爻正向应和，以柔覆刚，以阴济阳，象征柔顺谦恭的君主有自损之德。爻辞意为，有人赠送给六五爻价值十朋的龟，且其诚意令人无法拒绝，这件事十分吉祥。

不减损他人，反而去增益他人，无害，守持贞固吉祥，前往有利，将得到大家的拥护。

上九

上九，弗损益之，无咎，贞吉，利有攸往，得臣无家。

## 爻意分析

上九爻身为阳爻，居于《损》卦终极之位。全卦损下而益上，上九爻居于至高之位，本为得大益者，但终极之地穷则生变，于是上九爻之用与众爻相反，行损上补下之举。爻辞意为，上九爻不必减损他人，反而去增益他人，没有错咎，可获吉祥。

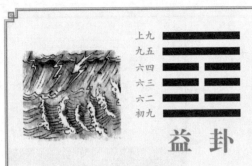

上九
九五
六四
六三
六二
初九

**益 卦**

益：利有攸往。利涉大川。

初九，利用为大作，元吉，无咎。

六二，或益之十朋之龟，弗克违，永贞吉。王用享于帝，吉。

六三，益之用凶事，无咎。有孚中行，告公用圭。

六四，中行，告公从，利用为依迁国。

九五，有孚惠心，勿问元吉。有孚惠我德。

上九，莫益之，或击之；立心勿恒，凶。

《益》卦象征前往有利。有利于渡大河。

　　上位者如能减损自己以增加人民的利益，不贪图享乐，使人民安居乐业，生活富裕，那么人民必然乐于效忠，国家也必然因此而稳固。上下团结一心，就有足够的力量救险济难，共图大业，因此说"利涉大川"。

做大事有利，大吉，没有咎害。

初九

### 爻意分析

初九爻阳居阳位，重刚之身，处于一卦初始，欲动不欲静，有升腾之志、进取之心，且其阳毫无遮蔽，有敢作敢为之象。爻辞意为，初九爻乃是能成就大事之爻，当有大作为，非常吉祥，没有任何错咎与灾祸。

初九，利用为大作，元吉，无咎。

有人赏他价值十朋的大龟，无法辞谢，坚守正固可获吉祥。君主以此宝龟祭祀天帝，吉祥。

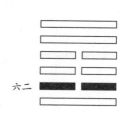

六二

### 爻意分析

六二爻阴居阴位，且处于下卦之中，居身当位且能持守中正，且与本卦尊爻九五爻正相应和。爻辞意为，有人赠送给六二爻价值十朋的龟宝，其意诚挚，令人难以拒绝。君王用此宝龟向天帝行祭祀之礼，这是吉祥的仪式。

六二，或益之十朋之龟，弗克违，永贞吉。王用享于帝，吉。

六三

增益很多则施用于救凶平祸的事务，必无咎害，心存诚信，谨慎持中而行，上告公侯要手持玉珪。

六三，益之用凶事，无咎。有孚中行，告公用圭。

## 爻意分析

上九爻重刚易折，有损伤之象，六三爻重柔失中，与上九爻之损祸患相对，但此祸并非因六三爻而起，乃是受上九爻连累所致，所以六三爻虽然灾祸临身，却可保自身没有错咎。

六四

持中慎行，上告公侯（迁移国都之事），公侯必能同意，依此建议迁移国都是有利的。

六四，中行，告公从，利用为依迁国。

## 爻意分析

六四爻阴居阴位，重柔之身处在上卦初始，与初九爻正相应和，居身得正，是本卦君爻九五爻的亲近之臣。爻辞意为，六四爻柔顺谦恭，奉行中正之道，向君主进谏良言，得到君主的认同，在有依靠的情况下将会迁走国都。

以诚信之心施惠百姓，不必占问，定然大吉。有诚信，百姓就会顺从我的德行。

九五，有孚惠心，勿问元吉。有孚惠我德。

### 爻意分析

九五爻是《益》卦的君爻，居中守正，与六二阴爻正向应合，刚柔相济。九五爻遵循《益》卦之要义，自损而济下，六二爻顺承其益以为自用。九五爻怀济世之心，百姓感恩戴德，因而诚心拥戴九五爻。九五爻虽然施惠于人却得利于己，自损反为受益，正合《益》卦之用，十分吉祥。

没人增益于他，有人攻击他；因为他用心不恒，凶险。

上九，莫益之，或击之；立心勿恒，凶。

### 爻意分析

上九爻居于《益》卦终极之位，居身不正，行事难免失中，且身处极地，前无进路，但躁然好动，不甘心无所作为，恐有妄动之嫌。爻辞意为，上九爻得不到其他爻的增益，性情暴躁，有攻击他人的可能，且心境浮躁没有持久之心，处境十分凶险。

上六
九五
九四
九三
九二
初九

夬 卦
guài

夬：扬于王庭，孚号有厉，告自邑，不利即
戎，利有攸往。

初九，壮于前趾，往不胜为咎。

九二，惕号，莫夜有戎，勿恤。

九三，壮于頄，有凶。君子夬夬独行，遇雨若濡，
有愠无咎。

九四，臀无肤，其行次且；牵羊悔亡，闻言不信。

九五，苋陆夬夬中行，无咎。

上六，无号，终有凶。

《夬》卦象征果决：在王庭上宣布奸人的罪恶，诚恳地号令众人
戒备，颁政令于城邑，不利于用武，准备好了前往有利。

《夬》卦一阴爻居于五阳爻之上，象征盘踞在君侧的奸佞。五阳
爻蓬勃进长，全卦象征果决除去奸佞。

仗着脚趾强壮前往，无法取胜，会惹祸。

初九

**爻意分析**

初九爻阳爻居于阳位，重阳之身，且身居下位，急于上升。爻辞意为，脚趾虽然健壮，但是前行时并不能够因此而取胜，不能有得却依旧前往，必定会有错咎发生。

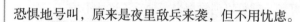
初九，壮于前趾，往不胜为咎。

恐惧地号叫，原来是夜里敌兵来袭，但不用忧虑。

九二

**爻意分析**

九二爻是身居阴位的阳爻，处于下卦之中，其刚猛有阴柔调和，不至于失中，因此性情沉稳谨慎了很多。爻辞意为，有敌人趁夜来袭，九二爻发出恐惧的呼声，但是不必担心，此次被进犯有惊无险，不必担心。

九二，惕号，莫夜有戎，勿恤。

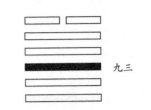

九三

### 爻意分析

九三爻阳居阳位，身在下卦终极，阳气刚猛，性格坚毅，有决断之力。爻辞意为，君子果断地决定独自前行，在途中遇雨，身上都被淋湿了，不由得面带怒气，但是九三爻没有错咎，所以没有灾祸。

面颊强壮（比喻炫耀勇猛），有凶险。君子果决独行，撞上下雨，淋湿了，心中不快，无害。

九三，壮于頄，有凶。君子夬夬独行，遇雨若濡，有愠无咎。

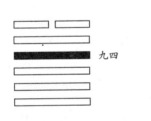

九四

### 爻意分析

爻辞意为，九四爻臀部受伤未愈，难以坐卧，行进也因伤而受到耽搁，路上踟蹰，若能牵着羊行走，心中将毫无悔恨，可惜听见了别人的忠言劝告，却没有听从。

臀无完肤，走路困难；据说牵着羊一样的阳刚尊者，就可以消除悔恨，他听了这话不信。

九四，臀无肤，其行次且；牵羊悔亡，闻言不信。

要像铲除苋陆草那样果决地清除小人持守正道，无害。

九五，苋陆夬夬中行，无咎。

### 爻意分析

　　九五爻是本卦的尊爻。在《夬》卦中，只有上六爻是阴爻，与众位阳刚君子无论为人还是处事都格格不入，九五爻紧邻上六爻，大有以君主之尊去处置小人之势。九五爻果断地清除了路上的苋陆，持中正而行，没有错咎。

不要痛哭，凶险终究是难逃的。

上六，无号，终有凶。

### 爻意分析

　　上六爻是全卦唯一的阴爻，居于终极之位，下有五个阳爻，对其行逼迫之势。爻辞意为，上六爻居于全卦最高位，却无法对下五爻发号施令，象征着面临的局势已经十分不利，最终会有凶险。

上九
九五
九四
九三
九二
初六

# 姤 卦
gòu

姤：女壮，勿用取女。

初六，系于金柅（nǐ），贞吉。有攸往，见凶，羸豕孚蹢躅（zhí zhú）。

九二，包有鱼，无咎，不利宾。

九三，臀无肤，其行次且，厉，无大咎。

九四，包无鱼，起凶。

九五，以杞包瓜，含章，有陨自天。

上九，姤其角，吝，无咎。

《姤》卦象征女子过于强壮，不宜娶她。

女子过分强壮，不宜娶作妻室。

初六

像系在金属刹车器上一样静处（象征初遇合时），守持贞正可获吉祥。若急于前往，将遇凶险，像系住的瘦弱的母猪一样躁动着，这样不行。

初六，系于金柅，贞吉。有攸往，见凶，羸豕孚蹢躅。

## 爻意分析

初六爻地位卑微，且身为阴爻，宜静守而不可乱动。爻辞中"系于金柅"，便是要上六爻停止躁动的意思。初六爻与九四爻正向应和，此行若是前去与九四爻相聚，其阴柔得到阳刚的牵引，便会趋吉避凶，若是盲目前行，毫无目的，便会遭遇凶险，得不偿失。

九二

厨房里有一条鱼，没有祸害，但不宜用之待客。

九二，包有鱼，无咎，不利宾。

## 爻意分析

九二爻阳爻居于阴位，持中守正，刚直不阿。九二爻厨中之鱼正是其下的初六爻。九二爻制约初六爻并无错咎，但是应当注意分寸尺度，起到控制的作用就可以了，不可行为过激，致使初六爻生出逆反之心，脱离控制。

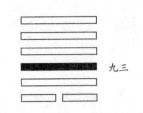

九三

## 爻意分析

九三爻身为阳爻却并未居中，上下皆阳，虽然与上九爻正应，但是无法与之调和辅助，身在下卦终极，预示难以不期而遇相合之爻。爻辞意为，九三爻臀部连皮肤都没有了，这样的伤痛使得九三爻行走缓慢艰难，路途上会遇到危险，但是不会有重大的错咎。

受刑后臀无完肤，走路困难，有危险，但终无大害。

九三，臀无肤，其行次且，厉，无大咎。

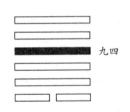

九四

## 爻意分析

九四爻位于下卦的初始，阳爻居于阴位，且与本卦唯一的阴爻初六爻正向应和，但因居身不正，导致此应和难以成功。爻辞意为，九四爻的厨房中没有鱼，离群无偶，没有援助，所以有凶险。

厨房无鱼，会引起凶险。

九四，包无鱼，起凶。

九五

用杞树枝叶蔽护着树下的甜瓜，内含着文彩，这意味着将有佳遇从天而降。

九五，以杞包瓜，含章，有陨自天。

### 爻意分析

九五爻是本卦的尊爻，身为阳爻而居于中位，在《姤》卦中乘时趁势，有谦和中正的明君之象。爻辞意为，用杞柳的叶子覆盖着瓜，极为和谐，至善至美，有佳偶从天而降，说明九五爻乃是天命所归的君主，顺承天德，接应乾坤之志。

上九

碰到兽角上，有危险（但没碰伤），终获无害。

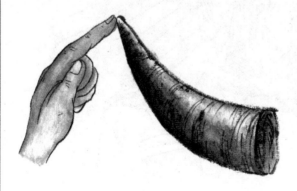

上九，姤其角，吝，无咎。

### 爻意分析

上九爻是《姤》卦的终极之爻，身为阳爻居于《姤》卦最高之位，其用已经穷尽，虽然身为阳爻但是无可作为。爻辞意为，上九爻在《姤》卦中如同头上的犄角，虽然尚有锋芒，但是已经失去了痛痒之感，虽然处境危险，面临麻烦，但是没有错咎。

上九
九五
九四
六三
六二
初六

萃 卦

萃：亨，王假有庙，利见大人，亨利贞。用大牲吉，利有攸往。

初六，有孚不终，乃乱乃萃，若号，一握为笑，勿恤，往无咎。

六二，引吉，无咎，孚乃利用禴（yuè）。

六三，萃如嗟如，无攸利。往无咎，小吝。

九四，大吉，无咎。

九五，萃有位，无咎，匪孚。元永贞，悔亡。

上六，赍咨涕洟，无咎。

《萃》卦象征聚集：亨通，君主来到宗庙祭祀。见大人有利，亨通，利于守持正固。用大牲口祭祀吉祥，利于有所前往。

君主怀着诚敬之心来到宗庙祭祀，所以能够感动众人，形成凝聚力。

有诚信，但不能贯彻始终，导致了行动混乱、不正当聚合，此时若能向正当者呼号，必能握手言欢，不用忧虑，前往无害。

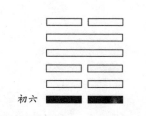

初六

初六，有孚不终，乃乱乃萃，若号，一握为笑，勿恤，往无咎。

## 爻意分析

《萃》卦的要义是汇聚，是讲如何能汇集众人、凝聚人心，壮大自身的能力。初六爻为《萃》卦的初始之爻，身为阴爻，居于阳位，居身不正，处位不当，且一阴在下，受到压制，容易有意乱情迷之举。

受人招引而相聚可得吉祥，无害，只要有诚信，用禴祭都可有利。

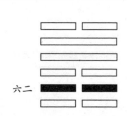

六二

六二，引吉，无咎，孚乃利用禴。

## 爻意分析

六二爻阴爻居于下卦中位，与本卦的君主之爻九五正相应和，如同一位阴柔恭顺的臣子被阳刚圣明的君主所指导与牵引，心中得以持守中正，不会偏离正道。且六二爻与九五爻正向应和，预示着君臣秉性契合，德行一致。此种亲近并非奸佞之臣靠谄媚得宠。

六三

## 爻意分析

六三爻是下卦的终极之爻，身为阴爻，居于阳位，居身不正，在本卦中没有与之正向应和之爻。六三爻本想上行与上六爻求和，但是上六爻为阴爻，与六三爻为敌应，无法与之互相协助聚合，所以六三爻行进之时孑然一身，孤独无依。

相聚无人，只好叹气，事情无利可得。前往无害，但有小遗憾。

六三，萃如嗟如，无攸利。往无咎，小吝。

九四

## 爻意分析

九四爻处于上卦初始，阳爻居于阴位，居位不正，处在尊爻九五之下，是君主的亲近之臣。九四爻与初六爻正向应和，又有位于其下、孤立无应的六三爻攀附，有大得民心之象。九四爻安守本分，带领两个阴爻归顺君王九五爻，忠心可嘉，所以全吉无咎。

大吉，无害。

九四，大吉，无咎。

　　汇聚之时得有正位，是无害的，但尚未获众人的信任。只要大气地坚持中正之道，悔恨自会消失。

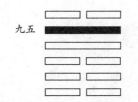

九五，萃有位，无咎，匪孚。元永贞，悔亡。

### 爻意分析

　　九五爻处于《萃》卦君位，身为阳爻，能居中守正，象征他是阳气刚猛毫无隐蔽的阳明之主。爻辞意为，九五爻在《萃》卦之中居于主位，没有错咎与灾祸，但是为人处事无法令臣子与百姓们信服，九五爻应大气地坚持中正之道，自能免除悔恨。

　　叹气掉泪，无害。

上六，赍咨涕洟，无咎。

### 爻意分析

　　上六爻阴爻居于终极之位，前行无路，又毫无应和，自身阴柔无力，时穷运尽。上六爻深知自己处境尴尬，所以常怀惴惴之心。爻辞意为，上六爻为自己畏惧的处境而深感不安，叹息哭泣，不知所措。上六爻这种行为与反应，最终令君主消除了戒备，因而使自身免除了错咎与灾殃。

上六
六五
六四
九三
九二
初六

**升 卦**

升：元亨，用见大人，勿恤，南征吉。

初六，允升，大吉。

九二，孚乃利用禴，无咎。

九三，升虚邑。

六四，王用亨于岐山，吉，无咎。

六五，贞吉，升阶。

上六，冥升，利于不息之贞。

《升》卦象征上升：非常亨通、顺利，见大人有利，不用忧虑，南进征战吉祥。

顺势上升之时，应勇敢前进，必能获得成功。

诚信得到上升，大为吉祥。

初六，允升，大吉。

初六

## 爻意分析

《升》卦的要义是上升、进步，初六爻为《升》卦的初始之爻，恭顺阴柔，虽然在卦中没有可以应合之爻，但因上承两个阳爻，所以大有升腾之志。升之初爻遵循本卦要义，大为吉祥。爻辞意为，初六爻与阳爻亲和，所以其诚信增加上升，这是十分吉祥的事情。

心存诚信，用祭品简单的禴祭有利，无害。

九二，孚乃利用禴，无咎。

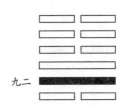

九二

## 爻意分析

九二爻阳爻居下卦中位，与本卦尊爻六五正相应和，互相协助，象征着谦恭柔顺的君主得到了阳刚中正的贤臣辅佐，君臣意气相投，同心同德。爻辞意为，九二爻是诚挚有信用的君子，祭祀神明时即便供奉的祭品与仪式都从简，也不会有任何的错咎。

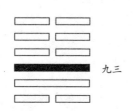

九三

### 爻意分析

　　九三爻处于下卦终极之地，阳爻居于阳位，居身得正，阳气刚猛，所以大有上升之志，且与上六爻正向应合，阴阳互济，所以上进心极强，面对前路毫无犹豫。爻辞意为，九三爻在前行的途中来到了一座空虚的城池中，但是心中毫无疑虑，前行之心极为坚定。

上升顺畅，如入无人之邑。

九三，升虚邑。

六四

### 爻意分析

　　六四爻阴爻居于上卦初始，阴爻居阴位，居身得正，且处于君主六五爻身边，是位恭敬柔顺的近臣，对于侍奉君主心甘情愿，毫无不敬之心。爻辞意为，六四爻随王伴驾前去岐山举行祭祀大典，此行十分吉祥，毫无错咎与不当之处。

获释后的周文王在岐山举行祭祀大礼，吉祥，无害。

六四，王用亨于岐山，吉，无咎。

柔中守正是吉祥的，必能如登上台阶，步步高升。

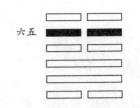

六五

六五，贞吉，升阶。

### 爻意分析

六五爻是《升》卦中的君主之爻，身为阴爻，能居中守正，是一位谦和贤明的君王。六五爻与九二爻正向应合，如同得到了阳明臣子的辅助，大得其志。爻辞意为，六五爻柔中守正，其前路是吉祥的，面前的台阶是一条毫无阻滞、通达的上升之路。

夜里登上台阶，利于不停地坚守正固，奋斗不息。

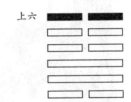

上六

上六，冥升，利于不息之贞。

### 爻意分析

上六爻是《升》卦的终极之爻，身为阴爻居于穷极之地，前行无路，难有作为。但是上六爻心有不甘，还想盲目上升，不知停止，如同唯利是图的小人，贪求无度，不知止息，大为不利。

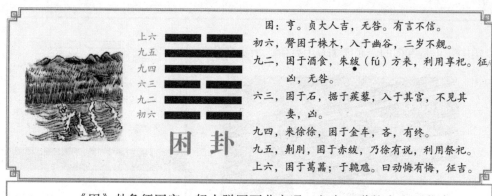

上六
九五
九四
六三
九二
初六

## 困 卦

困：亨。贞大人吉，无咎。有言不信。

初六，臀困于株木，入于幽谷，三岁不觌。

九二，困于酒食，朱绂（fú）方来，利用享祀。征凶，无咎。

六三，困于石，据于蒺藜，入于其宫，不见其妻，凶。

九四，来徐徐，困于金车，吝，有终。

九五，劓刖，困于赤绂，乃徐有说，利用祭祀。

上六，困于葛藟，于臲卼。曰动悔有悔，征吉。

　　《困》卦象征困穷：努力脱困可获亨通。坚守正道的大人可获吉祥，无祸害。此时说什么话也不会有人信从。

　　《困》卦象征穷困，努力拯济必能亨通。只有坚守正道的大人、君子可以获得吉祥。

臂部困在树干之上，隐入幽深的山谷，几年不露面。

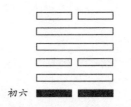

初六，臂困于株木，入于幽谷，三岁不觌。

## 爻意分析

初六爻阴爻在下，身为柔爻而居于刚位，居身不正，且低微低下，才能轻薄，有柔弱者陷入困顿中无力自拔之象。爻辞意为，初六爻只身来到丛林，行进中臂部被树枝夹住难以挣脱，身边无人，初六爻难以自救，如同幽闭在深谷之中，几年都处于幽暗不明、蒙昧难清之地。

为酒食所困，但荣禄正在到来，这对祭祀有利。急于出征有凶险，但终获无害。

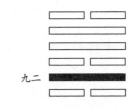

九二，困于酒食，朱绂方来，利用享祀。征凶，无咎。

## 爻意分析

九二爻是居于下卦中位的阳爻，居中守正，刚猛阳明，本是利于前行上升之爻，但因为身在《困》卦之中，前行阻碍重重，途中多有凶险。恰在此时，君主对九二爻委以重任，九二爻的才能与志向得到认可，此时应当祭祀神明，九二爻接受封赏之后的行进之路，会遇到危险，但是最终可保无咎。

六三

### 爻意分析

六三爻处于下卦的终极
之位，既没得位，又不居中，
身为阴爻却处于刚位，如居危
惧之地，才德单薄却易妄行躁
动，且乘凌欺压下位的九二
爻，以柔凌刚，大为不祥。

为乱石所困，手按在蒺藜上受伤，走进自己的
屋里，也见不到妻子，有凶险。

六三，困于石，据于蒺藜，入于其宫，
不见其妻，凶。

九四

### 爻意分析

九四爻处于上卦之初
始，身为阳爻而居于柔位，
居位不当，失中不正，妄行
妄言，必有悔恨之事。爻辞
意为，九四爻向前行，行动
缓慢，途中被一辆装饰着金
属的车子所阻困，因而出现
了令九四爻感觉悔恨的事
情，但事情的结局是好的。

缓缓而来，却为金车所困（比喻受到贵人的为
难)，有憾惜，但会有好结果。

九四，来徐徐，困于金车，吝，有终。

施用削鼻截足之刑治理众人，以致困穷于尊位，但逐渐摆脱了困境。

九五，劓刖，困于赤绂，乃徐有说，利用祭祀。

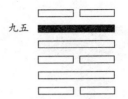

九五

### 爻意分析

九五爻是《困》卦中的君爻，阳爻居中正之位，象征九五爻乃是贤德通达、中正仁和的明君，但九五爻阳居阳位，有重刚之嫌。爻辞意为，九五爻治理天下时施行割鼻砍足的苛刑，此举大失民心，甚至威胁到了九五爻的皇权，但最终得到九二爻的辅佐，逐渐摆脱了困境，应该祭祀谢神。

为葛藟所困，心神不安。此时若能汲取动辄生悔的教训而有所悔恨，前行必可脱离困境获吉祥。

上六，困于葛藟；于臲卼。曰动悔有悔，征吉。

上六

### 爻意分析

上六阴爻是《困》卦的终极之爻，处于穷极翻转之时，虽然前行无路，但是有脱离困境步入安泰之境之象。上六爻因心中生出悔恨而有所顿悟，对自己的言行做出了反省与调整，对于继续的行程十分有利，大为吉祥。

上六
九五
六四
九三
九二
初六

## 井 卦

井：改邑不改井，无丧无得。往来井井。汔
至，亦未缟（yù）井，羸其瓶，凶。

初六，井泥不食，旧井无禽。

九二，井谷射鲋（fù），瓮敝漏。

九三，井渫（xiè）不食，为我心恻。可用汲，
王明并受其福。

六四，井甃（zhòu），无咎。

九五，井冽，寒泉食。

上六，井收勿幕，有孚元吉。

《井》卦象征水井：城邑变了而水井不变，这意味着无失无得。来来往往的人从井中汲水。井要干了，也没有重新挖井，汲水时汲水瓶磕破了，凶险。

顺着水的特性蓄水并打上水，这就是《井》卦的象征。

井积淤泥，无法饮用，破旧的井边没有鸟禽飞来。

初六，井泥不食，旧井无禽。

初六

**爻意分析**

　　初六爻是《井》卦的初始之爻，居于最下之位，地位卑微，有下潜之势。爻辞意为，初六爻在《井》卦中处于最低之处，如同一眼因为干涸而遭人废弃的井，此时井底只剩下浑浊的泥水，这样的水无法供人畜饮用，所以人迹罕至，鸟禽无踪。

射井底的小鱼，难射中，水瓮破了，漏水了。

九二，井谷射鲋，瓮敝漏。

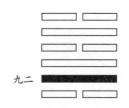

九二

**爻意分析**

　　九二爻阳爻居阴位，虽然也处于《井》卦之低位，但是境况比初六爻好了很多。初六爻之井淤泥塞堵，濒临干涸，但九二爻身为阳爻，所以井中尚能有水。爻辞意为，九二爻之井有水有鱼，有人在井边用箭射鱼，当用瓮汲水时，发现储水的瓮有裂缝，正在漏水。

九三

## 爻意分析

九三爻阳爻居阳位，居身得正，与上六爻正向应和，阴阳互济，刚柔互助，因而没有重刚失中之嫌。九三爻有济世之才，却未被君王所用，心中自怜自艾，希望君王察其苦心、用其能，这样贤臣得位，君王得助，天下百姓也能因此得到福泽。

井水清洁，却无人饮用，为此人心伤悲。可以汲水，如果王道圣明，臣民都会受到他的恩泽。

九三，井渫不食，为我心恻。可用汲，王明并受其福。

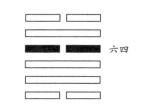

六四

## 爻意分析

六四爻处于君主九五爻身侧，是受到君王宠信的近臣，阴爻居于阴位，居身得正，与初六爻为正应，但是因为同为阴爻而无法相合。六四爻自身柔弱，又没有阳刚之爻济合，兼之阴居阴位，有重阴之象，所以宜静守不宜妄动。

井砌好了，没有咎害。

六四，井甃，无咎。

井水清澈，深壤冒出的井水为人们所喜欢饮用。

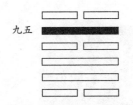

九五

九五，井洌，寒泉食。

## 爻意分析

九五爻处于《井》卦的君位，身为阳爻，居中得正，尽善尽美，毫无瑕疵。爻辞意为，九五爻之井水，清洌冰冷，洁净得如同寒冷的泉水一般，可以直接饮用解渴。九五爻功德恩泽天下，大为吉祥，毫无可忧虑之处。

从井里汲完了水，不要盖上井口，以供人继续饮用，心怀诚信，当得大吉祥。

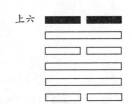

上六

上六，井收勿幕，有孚元吉。

## 爻意分析

上六爻处于《井》卦之终极，有井中之水离井之象，实为《井》卦大用之爻。爻辞意为，上六爻井中之水已经汲取出来，此时不必将井口封上，因为上六爻有诚信，所以获得了很大的吉祥。

上六
九五
九四
九三
六二
初九

革：己日乃孚，元亨，利贞，悔亡。

初九，巩用黄牛之革。

六二，己日乃革之，征吉，无咎。

九三，征凶，贞厉。革言三就，有孚。

九四，悔亡，有孚改命，吉。

九五，大人虎变，未占有孚。

上六，君子豹变，小人革面，征凶，居贞吉。

# 革卦

《革》卦象征变革，选择最佳时机进行变革：祭祀之日，改革其丑行恶政，以忠信服事鬼神，才能取信于民，它具有元始、通达、和谐、贞正的德行，悔恨消失。

明君选择好时机变革，将获得天下信从。

被坚固的黄牛皮革绑缚住了。

初九，巩用黄牛之革。

初九

### 爻意分析

《革》卦的要义是变革更改，初九爻处于《革》卦初始，虽身为阳爻居于阳位，但是毕竟地位卑下，才能浅薄，变革之力不足。爻辞意为，初九爻虽然一阳在下，有上升之意，但是因为地处卑位，所以如同被黄牛的皮革所绑缚一般，行动受到制约，所以此时难以有所作为。

选最佳时机可以推行变革，勇于前往，必获吉祥，必无咎害。

六二，巳日乃革之，征吉，无咎。

六二

### 爻意分析

六二爻处于下卦中位，阴居阴位，与本卦君爻九五爻正向应合，六二爻身居得正，处位得当，虽是阴爻，但有君王的提携与庇护，有施行变革的能力。爻辞意为，六二爻在特定的祭祀之日施行变革，行动起来获得吉祥，毫无错咎。

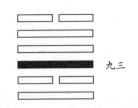

九三

## 爻意分析

九三爻阳爻居于阳位，得位却不居中，重刚失和，难持中正，有妄行躁动之象。爻辞意为，九三爻不可冒然行动，否则会遇到凶险，关于施行变革的方法只有经过多次的讨论协商才能最终确定，九三爻应当持守诚信，不可轻举妄动。

过急行动有凶险，须守持贞正以防危险。变革的主张要多次研究，广泛听取意见，变革将有曲折，要长久保有诚心。

九三，征凶，贞厉。革言三就，有孚。

九四

## 爻意分析

九四爻为阳爻居于阴位，居身不正。九四爻是上卦的初始爻，此时对于变革来讲，无论时机还是积累都已经很成熟了。九四爻具备变革之才，且处于君王九五爻的身边，是身负重任的亲近之臣。爻辞意为，九四爻没有做令自己后悔的事情，怀有诚信，革新改除旧制，能获吉祥。

悔恨消失，心怀诚信，革除旧命，定会吉祥。

九四，悔亡，有孚改命，吉。

大人像老虎一样勇猛无惧地推行变革，其道如虎纹昭然可见，还没占问前，已令人满怀诚信。

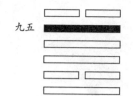

九五

九五，大人虎变，未占有孚。

## 爻意分析

九五爻是《革》卦的君主之爻，身为阳刚之爻，居于尊位，有中正之德，是谦和仁厚的贤德明君。爻辞意为，九五爻施行变革的举动雷厉风行，如同老虎一样威猛迅速，不必占问便可以得知其变革行动是极有诚信与决心的。

君子像豹子一样勇猛灵活地推行变革，小人纷纷改变脸色拥护变革，急进将有凶险，守持正固则可得吉祥。

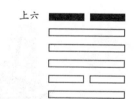

上六

上六，君子豹变，小人革面，征凶，居贞吉。

## 爻意分析

上六爻是《革》卦的终极之爻，身为阴爻而居于上位，预示着本卦的变革已成。爻辞意为，君子施行变革的举措如同豹子般迅捷，小人因此而洗心革面，出征会招致凶险，守持正固则可获吉祥。

上九
六五
九四
九三
九二
初六

## 鼎 卦

鼎：元吉，亨。

初六，鼎颠趾，利出否。得妾以其子，无咎。

九二，鼎有实，我仇有疾，不我能即，吉。

九三，鼎耳革，其行塞，雉膏不食，方雨，亏悔，终吉。

九四，鼎折足，覆公觫（sù），其形渥，凶。

六五，鼎黄耳金铉（xuàn），利贞。

上九，鼎玉铉，大吉，无不利。

《鼎》卦象征制鼎器而明新制，大吉祥而亨通。

《鼎》卦的《象传》说，圣人煮食物祭祀上天，用最丰盛的食物奉养贤人。《鼎》卦重在养贤。

鼎足颠倒，对倒空鼎里的废物有利。就像妾室生下的儿子，无害。

初六

### 爻意分析

初六爻以阴爻之身居于一卦之首，处位不正，因此有鼎器颠倒翻转之象。但是鼎器颠倒却有利于将其中坏滥之物倾倒而出，因此鼎器虽颠倒，却没有咎错。

初六，鼎颠趾，利出否。得妾以其子，无咎。

鼎里装满食物，我的仇人有病，不能接近我，吉祥。

九二

### 爻意分析

九二爻以其阳刚之质居于下卦中位，阳刚充实，因此有"鼎有实"之象。然而九二爻与初六爻比邻，初六爻对于九二爻来说就像是一个阴柔小人，看着九二爻鼎器中满载物品而自身腹内空空充满了嫉妒。九二爻能以其刚毅中正而使小人无机可乘，所以是吉祥之兆。

九二，鼎有实，我仇有疾，不我能即，吉。

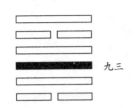

九三

### 爻意分析

九三爻位于下卦之终，在鼎耳的位置，但以阳居阳，为重刚之身，有阳刚溢满于鼎耳之处，鼎耳中空，处堵塞之象。但是能够降下一场甘霖的话，没有吃到美味的悔恨也会消除，并且最终还能获得吉祥。

鼎耳有所变，它的移动受阻，鼎里精美的野鸡肉还没来得及吃，等到天降阴阳和合之雨，悔憾可清除，终获吉祥。

九三，鼎耳革，其行塞，雉膏不食，方雨，亏悔，终吉。

九四

### 爻意分析

九四爻居于上卦之下，上承君爻六五爻，下应阴爻初六爻，既要承于上又要施于下，但是自身以阳爻之身居于阴位，失中不正，如此行事有不自量力之象，故爻辞以鼎器折足喻之，谓之必会遭到"覆𫗧"和"形渥"的后果，是凶险之兆。

由于不堪重负，鼎足折了，翻倒了公侯的美味，鼎浑身沾湿，凶险。

九四，鼎折足，覆公𫗧，其形渥，凶。

鼎配有黄色的鼎耳、铜铉（象征富贵），利于守持正固。

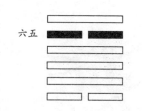

六五

### 爻意分析

六五爻以阴爻之身居于全卦之尊，以柔顺得中居尊位，下能应九二爻，向上接上九爻，就像是鼎器上装饰着黄金鼎耳，以及坚实的金属制作的鼎杠，象征六五爻作为一国之君，能够施行举措，发挥作用以利天下。

六五，鼎黄耳金铉，利贞。

鼎配有镶玉的铉（象征富贵），大吉祥，没有不利。

上九

### 爻意分析

上九爻以阳刚之质居于一卦之极，以阳爻之身居阴位，如同由美玉装饰的铉。上九爻如美玉一般刚实而又温润的品质能够与六五爻应和，刚柔适宜，动静不过，故而是大吉之象，做什么事情都能无往而不利。

上九，鼎玉铉，大吉，无不利。

上六
六五
九四
六三
六二
初九

震 卦

震：亨。震来虩虩（xì），笑言哑哑，震惊百里，不丧匕鬯（chàng）。

初九，震来虩虩，后笑言哑哑，吉。

六二，震来厉，亿丧贝，跻于九陵，勿逐，七日得。

六三，震苏苏，震行无眚。

九四，震遂泥。

六五，震往来，厉，亿无丧，有事。

上六，震索索，视矍矍（jué），征凶。震不于其躬，于其邻，无咎。婚媾有言。

《震》卦象征震动：亨通。雷声震动，人们起先惶恐畏惧，后来笑语阵阵，雷声震惊百里，祭师却没有抖落羹匙里的一滴酒。

《震》卦卦辞拟象于雷霆之象，"亨"字点出了《震》卦的主旨，即事物都可以因震惧而达到亨通。

雷声震动，人们起先惶恐畏惧，后来慎行保福，笑语阵阵，可获吉祥。

初九

初九爻阳爻居于一卦之首，阳刚得正，当《震》卦之时则为《震》卦主爻。初九爻在一卦之初，听闻雷声感到恐惧，继而反省自身，注重修养品德，遇事审慎而为。

初九，震来虩虩，后笑言哑哑，吉。

雷声震动，有危险，丢了很多货贝钱币，此时登高陵之上，不用寻找，过七天会失而复得。

六二

六二爻虽然以阴居阴，处位中正，却因以柔乘刚，处境十分不利。六二爻若能秉承其柔中之德，危难之中亦能守中持正，并避于高山之上，不迷恋其所失，那么虽有损失也能失而复得。

六二，震来厉，亿丧贝，跻于九陵，勿逐，七日得。

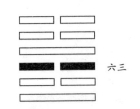

六三

### 爻意分析

六三爻阴居阳位，有失其正，当震之时，内心惶恐不安。但因没有乘刚之失，因此只要能够怀畏惧之心，谨言慎行，修身自省，就能够避过灾祸。

雷声轻缓，在这样的雷声中行路，不会遭殃。

六三，震苏苏，震行无眚。

九四

### 爻意分析

雷声震动之时，九四爻因为惊慌失措而陷入泥泞之中。九四爻阳爻居阴位，不但不能持守自己的刚正之道，还深陷六二爻、六三爻、六五爻、上六爻四个阴爻之中，犹如深陷泥中，不可自拔。

雷声震动，慌不择路，掉进泥泞中。

九四，震遂泥。

雷声震动，上下往来都有危险，但能知危惧而慎守中道，可以万无一失。

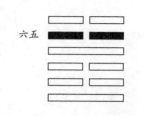

六五

**爻意分析**

六五爻以阴爻之身居阳位，又是全卦之尊位，向上遇阴为敌，向下乘刚有失，所以往来皆有危险。但是六五爻居上卦中位，有柔顺持中之德，当《震》卦之时，能够慎守中道，不会贸然上下往来，因而江山社稷不会就此丢失。

六五，震往来，厉，亿无丧，有事。

雷声震动，极端恐惧，畏缩难以行走，目光惊恐不安，此时前行必有凶险。雷电没有打中他的身体，打中了他的邻居，无害。此时谋求婚姻会导致议论。

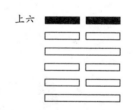

上六

**爻意分析**

上六爻阴爻居于全卦之终，是惊恐至极、无所安适之象。此时前行必遭凶险。在雷震尚未到达自身，才接近于近邻之时就能够预先做好戒备，那么就不至于受到咎害。谋求婚姻之事有言语之难，会引发语言争端。

上六，震索索，视矍矍，征凶。震不于其躬，于其邻，无咎。婚媾有言。

上九 ䷳
六五
六四
九三
六二
初六

**艮 卦**

艮：艮其背，不获其身；行其庭，不见其人，无咎。

初六，艮其趾，无咎，利永贞。

六二，艮其腓，不拯其随，其心不快。

九三，艮其限，列其夤（yín），厉熏心。

六四，艮其身，无咎。

六五，艮其辅，言有序，悔亡。

上九，敦艮，吉。

《艮》卦象征当止则止：止于背后，不让私欲占据身体而妄行；好似在庭院里自如地行走，四顾无人一般，必无咎害。

《艮》卦象征当止则止。因为行事本分，所以进退自如。

抑止在脚趾迈出之前，无害，利于永守正固。

初六

初六，艮其趾，无咎，利永贞。

## 爻意分析

初六爻以阴居阳位，不利于行，但是当《艮》卦之时，能够持守不动，像爻辞中说的那样，从脚下开始抑止自己的动作，因而没有咎错。

抑止在小腿迈出之前，没有承上而随行，心里不快。

六二

六二，艮其腓，不拯其随，其心不快。

## 爻意分析

六二爻阴爻居于下卦之中，居中得正，有阴柔者持守中正，静止不动之象，因此爻辞中说"艮其腓"，即制止了小腿的运动，也就无法前进了。《象传》说六二爻不能上前去承接它所追随者，是因为它没能退后听从初六爻的意见，因此心有不悦。

九三

## 爻意分析

九三爻在下卦之终，以阳居阳，处位正而不中，在应该有所行动的时候却不能正确地处理行止关系，造成了脊肉的断裂，面临危险却不知道避开，所以只能坐视危险的到来。《象传》警示九三爻，这样抑止腰部的运动，危险会像烈火一样。

抑止他的腰，致使连接人体上下的部分脊肉裂开，十分危险，像火一样烧灼心。

九三，艮其限，列其夤，厉熏心。

六四

## 爻意分析

六四爻位于六五爻之下的多惧之地，其下又有九三爻躁动不已，所以处境危险。六四爻以阴居阴，有安静柔顺之德，当《艮》卦之时，能够顺应卦义，安身静心，因而没有咎错。

抑止身体不妄动，无害。

六四，艮其身，无咎。

抑止他的面颊，说话注意有条不紊，悔恨就可以消失。

六五，艮其辅，言有序，悔亡。

## 爻意分析

六五爻以柔居阳，有失正之象，但因处上卦中位，能够持守中道，而能够避免因失位造成的错误，而不至于有令人悔恨的事情发生。《象传》说六五爻抑止其口而不说妄语，原因正是它处事持中适宜，有柔中之德。

以诚恳厚道的品德抑止亢进的私欲，吉祥。

上九，敦艮，吉。

## 爻意分析

上九爻以阳刚之质居于全卦之极，是抑止到了极点之象，因此虽然上九爻以阳居阴，但是因为他阳刚敦厚，能够敦厚笃实地将"止道"贯彻始终，并且能够抑止邪欲，最后达到至善的境界，所以能够获得吉祥。

上九
九五
六四
九三
六二
初六

渐 卦

渐：女归吉，利贞。

初六，鸿渐于干。小子厉，有言，无咎。

六二，鸿渐于磐，饮食衎衎（kàn），吉。

九三，鸿渐于陆。夫征不复，妇孕不育，凶。利御寇。

六四，鸿渐于木，或得其桷（jué），无咎。

九五，鸿渐于陵，妇三岁不孕，终莫之胜，吉。

上九，鸿渐于陆，其羽可用为仪，吉。

《渐》卦象征渐进：女子出嫁按礼逐步进行，吉祥，利于坚守正道。

《渐》卦取女子出嫁遵循六礼而获吉祥之象，喻示事物发展的循序渐进之理。

大雁飞近水边。小孩到水边玩耍有危险，加以责备，使他离去，无害。

初六，鸿渐于干。小子厉，有言，无咎。

初六

### 爻意分析

鸿雁在迁徙向远方的时候，循序渐进地飞到水边。年幼无知的小子求进则会遭遇凶险，虽然有所抱怨，但是最终没有咎害。初六爻以阴居阳，位于一卦之始，柔弱在下，六四爻不能与之相应，因此不能够急功近利，求进远行，否则会有危险。

大雁飞到水边磐石上，快乐地饮水吃鱼，吉祥。

六二，鸿渐于磐，饮食衎衎，吉。

六二

### 爻意分析

鸿雁渐进飞行到磐石上，栖身在安稳之所，能够和悦地享受饮食，是吉祥之兆。六二爻以阴居阴，处在下卦中位，居位中正，以鸿雁为喻，形容六二爻的境况是安适的。六二爻承于九三爻，九五爻又能与之相应和，因此能够安然自得地享受美食，故而预示着吉祥。

九三

## 爻意分析

九三爻以阳居阳，居位得正，但是处位不中，因而有高亢急躁之象，违反了循序渐进的道理，因此会发生凶险之事。但是九三爻刚强有力，若是坚守正道，可以补救过于刚强冒进的过失。

大雁飞到陆地。丈夫出征未回，妻子失贞得孕而不能育，凶险。对防御敌人有利。

九三，鸿渐于陆。夫征不复，妇孕不育，凶。利御寇。

六四

## 爻意分析

六四爻阴爻处于阴位，居位柔正，上能承九五爻尊爻之阳刚，虽然处于多惧之地，但只要自身能够渐进不燥，仍能安然无忧。《象传》也说，六四爻因为柔顺而又和悦，所以能够寻得安稳的树枝栖息。

大雁飞到高高的树上，有的停在平稳舒展的树枝上，没有祸害。

六四，鸿渐于木，或得其桷，无咎。

大雁飞入丘陵，尽管有阻力尚未遂愿，就像妇女几年不孕，但最终没人能替代她，吉祥。

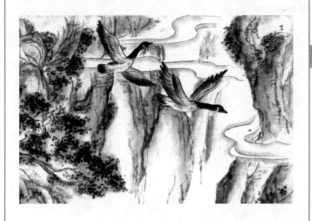

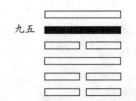
九五

### 爻意分析

九五爻以阳爻之身居阳位，位于上卦之中位，是全卦之主，有君临天下之象。九五爻本应该和六二爻阴阳相合，但是中间隔着九三爻和六四爻二爻，就像是夫妻两人中间隔着万水千山。但九五爻与六二爻都居位得正，乾坤相契，阴阳相合，是谁都不能阻挡的。

九五，鸿渐于陵，妇三岁不孕，终莫之胜，吉。

大雁飞回陆地，它的羽毛可用来进行礼仪活动，吉祥。

上九

### 爻意分析

上九爻以阳刚之质位于全卦之极，物极必反，所以上九爻又返回了适合鸿雁栖息的岸边。因此虽然上九爻以阳居阴，居位不正，却因为回到了适合自己的地方而有吉祥之兆。

上九，鸿渐于陆，其羽可用为仪，吉。

上六
六五
九四
六三
九二
初九

**归妹卦**

归妹：征凶，无攸利。

初九，归妹以娣（dì）。跛能履，征吉。

九二，眇能视，利幽人之贞。

六三，归妹以须，反归以娣。

九四，归妹愆（qiān）期，迟归有时。

六五，帝乙归妹，其君之袂（mèi）不如其娣之袂良。月几望，吉。

上六，女承筐，无实；士刲羊，无血。无攸利。

《归妹》卦象征嫁出少女：不可急就强求，急就强求则凶险，无利可得。

《归妹》卦以嫁出少女为一卦之义，说明男婚女嫁是人之大伦，即人类能够兴盛繁衍的根本原因。

嫁少女并以少女的妹妹陪嫁。像跛子能够走路，前往吉祥。

初九

初九，归妹以娣。跛能履，征吉。

### 爻意分析

初九爻位于全卦之初，九四爻不能与之相应，因此初九爻就像随着姐姐一同出嫁的妹妹，地位较低，只能成为侧室。但是好在初九爻以阳居阳，居位得正，能够以阳刚之贤辅助姐姐，特别是在遇到不顺利之事的时候，不但能够继续前行，而且还能够获得吉祥。

瞎了一只眼，勉强能够看见，此时幽静的人坚守正固将有利。

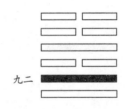

九二

九二，眇能视，利幽人之贞。

### 爻意分析

九二爻的处境就好像是一个人一只眼睛虽然看不见了，但却因此变得善于观察和掌握时机，因此幽居无争的生活更加适合九二爻。九二爻居于下卦之中，向上有六五爻相应，虽然有阳刚贤德之象，可惜辅助的君爻并非其良配，因此幽静恬淡的九二爻只有守持正固，才能够获得吉祥。

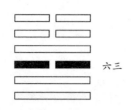

六三

### 爻意分析

六三爻阴居阳位，居位不正，又处在下卦之极，乘于阳爻之上，有向上求进之心，但是没有能够与之相应和的阳爻，所以盲目地向上求进必有咎害。

少女出嫁盼望成为正室，应当反归待时，嫁作侧室。

六三，归妹以须，反归以娣。

九四

### 爻意分析

九四爻以刚居阴，其下没有能够与之相应的爻，说明九四爻虽然有贤德之才，但是在适嫁的年龄却没有遇到合适的配偶，因此只能静待时机。

嫁少女延误婚期，迟嫁是想等待更好的夫家。

九四，归妹愆期，迟归有时。

帝乙嫁女儿，正夫人的服饰没有陪嫁妹妹的服饰漂亮，其内在的美德如临近阴历十五时的月亮近圆满而不盈，吉祥。

六五

## 爻意分析

六五爻位于上卦之中，处在全卦的正位，虽然以柔居刚，但是向下能够与九二爻相应和，说明六五爻能够持中守正，而且主动纡尊降贵，因此，能获得吉祥。

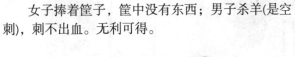

六五，帝乙归妹，其君之袂不如其娣之袂良。月几望，吉。

女子捧着筐子，筐中没有东西；男子杀羊(是空刺)，刺不出血。无利可得。

上六

## 爻意分析

上六爻位于《归妹》卦之终，位穷气尽，向下又不能与六三爻相应和，说明六三爻无论再做什么，都不可能有什么收获。

上六，女承筐，无实；士刲羊，无血。无攸利。

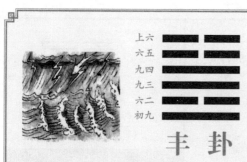

上六
六五
九四
九三
六二
初九

丰 卦

丰：亨，王假之。勿忧，宜日中。

初九，遇其配主，虽旬无咎，往有尚。

六二，丰其蔀（bù），日中见斗，往得疑疾，有孚发若，吉。

九三，丰其沛，日中见沫，折其右肱，无咎。

九四，丰其蔀，日中见斗，遇其夷主，吉。

六五，来章，有庆誉，吉。

上六，丰其屋，蔀其家，窥其户，阒（qù）其无人，三岁不觌（dí），凶。

《丰》卦象征盛大：亨通，君主会达到盛大亨通之境界，不用忧虑，宜保持如日中天之势。

天下只有君王才能至于极丰极盛的境地，所以说"王假之"。

遇上与自己相匹配的人，尽管两者均为阳刚，但不会招致咎害，前往会得嘉赏。

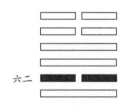

初九

### 爻意分析

初九爻以阳居阳，居位得正，故而无咎。但是初九爻向上不能够与九四爻相应和。当《丰》卦之时，初九爻和九四爻之间阳刚相当，有互为明亮、互相光照之象。《象传》也说，能够这样势均力敌的话，是不会有咎错的。

初九，遇其配主，虽旬无咎，往有尚。

增大他的草帘，遮住太阳，屋中一片黑暗，以至于明明是正午，黑屋中的他却看见了北斗星，这意味着前往会有被怀疑的隐患，此时应向人表明自己的诚信，吉祥。

### 爻意分析

六二爻以阴居阴，当《丰》卦之时，象征着阴暗越来越大，最终遮住了光明。六二爻以这样的姿态向上去应和六五爻，一定会遭到六五爻的怀疑。所幸六二爻居中持正，态度谦虚，内心诚信，所以能够获得六五爻的信任，从而获得吉祥。

六二，丰其蔀，日中见斗，往得疑疾，有孚发若，吉。

九三

## 爻意分析

九三爻向上与上六阴爻相应和，但是因为上六爻居于丰卦之极，是遮天蔽日的黑暗之象；九三爻自己又以阳居阳，有阳刚至明之才，所以九三爻不能有所作为，就像右臂已经被折断了一样，谨慎行事，才能够没有咎错。

增大他的布幔，遮住太阳，屋中一片黑暗，以至于明明是正午，黑屋中的他却看见了星星，折断了手臂，但能治愈，无害。

九三，丰其沛，日中见沫，折其右肱，无咎。

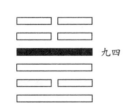

九四

## 爻意分析

九四爻阳爻居阴位，是光明陷入黑暗之象，但是因为九四爻有初九爻与之相应，因此光明的势力更加强大。虽然九四爻处在尊爻旁边的多惧之地，但是因为六五爻有光明之德，再加上九四爻本身具有刚毅向上的品质，故九四爻所面临的形势开始向好的方向转化，所以称为吉兆。

增大他的草帘，遮住太阳，屋中一片黑暗，以至于明明是正午，黑屋中的他却看见了北斗星，此时遇上与自己德行相匹配的主子，吉祥。

九四，丰其蔀，日中见斗，遇其夷主，吉。

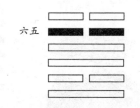

六五

招来天下的俊美之才，必有福庆，吉祥。

六五，来章，有庆誉，吉。

六五爻为全卦的主爻，以阴爻之身居于《丰》卦的尊位，柔顺居中，象征着阴柔的尊者有光大光明之德，能够感召天下俊美之才，因此会获得吉庆和美誉，是吉祥的象征。

增大他的屋子，用草帘遮蔽他的家，窥探他的窗户，寂静无人，几年不见他了，凶险。

上六

上六，丰其屋，蔀其家，窥其户，阒其无人，三岁不觌，凶。

上六爻以阴居阴，虽然居位得正，但因处于全卦之极，极则生变，所以有昏暗不明之象，居于高位却不与人来往，不施德于人，因此是大凶的征兆。

上九
六五
九四
九三
六二
初六

旅　小亨，旅贞吉。

初六，旅琐琐，斯其所取灾。

六二，旅即次，怀其资，得童仆，贞。

九三，旅焚其次，丧其童仆，贞厉。

九四，旅于处，得其资斧，我心不快。

六五，射雉，一矢亡，终以誉命。

上九，鸟焚其巢，旅人先笑后号啕。丧牛于易，凶。

## 旅卦

《旅》卦象征行旅：小获亨通，旅人坚守正道则吉祥。

旅居时的处世之道，贵在用柔不用刚。

旅人行为卑贱猥琐，心中多疑，这是他招致灾祸的原因。

初六，旅琐琐，斯其所取灾。

初六

## 爻意分析

旅行时猥琐卑贱，这是自取灾祸。在旅行之初时举止猥琐卑贱，心中多疑，行事不大方，这就是自己招来灾祸。初六爻以柔居于一卦之始，因此有猥琐卑微之象，虽上有所应，也无能为力，只会自取灾祸。

旅人住进旅舍，怀带资财，拥有童仆，守持正固则吉祥。

六二，旅即次，怀其资，得童仆，贞。

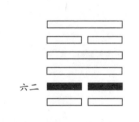

六二

## 爻意分析

旅途中能够居住在客舍，怀中也藏有一定资财，身边又有小童仆的伺候，持守中正才能够防止危险。六二爻以阴居阴，居位得正，又在下卦之中，因此持守中正，就能够在旅途中顺利前行而没有危险。

九三

## 爻意分析

九三爻刚重焦躁，使暂时安身的客舍被火烧毁，对自己的童仆强硬，而丧失了自己的童仆，一定会有危险。九三爻以阳居阳，本就阳刚躁进，又上邻九四爻，刚毅过头而失去中正，所以会遭遇祸患。

旅人住的旅舍失火，火灾中跑了童仆，应守持正固以防危险。

九三，旅焚其次，丧其童仆，贞厉。

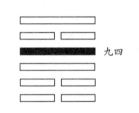

九四

## 爻意分析

九四爻在旅行的途中没有找到安全舒适的客舍，只有暂时栖居的地方，虽然找回了资财，但是心中仍然十分不快。九四爻以阳爻之身居于阴位，居位不正，所以不得安居，只能暂栖；虽然能够寻回资财，但仍然不高兴。

旅人住进了别的旅舍，寻回了他的资财，但心里仍有不快。

九四，旅于处，得其资斧，我心不快。

旅人射野鸡，丢了一只箭，射艺高超的旅人终获赞誉和爵命。

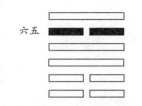

六五

六五，射雉，一矢亡，终以誉命。

### 爻意分析

旅行在外时，射获了野鸡而有所得，但是却不小心失了一支箭。虽然有些损失，因大失小，但是最终还是会获得美好的赞誉和丰厚的爵位。六五爻以阴居阳，居位不正，有所遗憾；以柔顺居于中道，能以其柔中之德获得吉祥。

鸟巢失火(比喻旅途中过于张扬忘形而旅舍失火)，旅人先因得高位而笑，后因遭殃而哭。好像牛在地边走失，有凶险。

上九

上九，鸟焚其巢，旅人先笑后号啕。丧牛于易，凶。

### 爻意分析

就像是高居在树上的鸟巢被焚烧，行旅的人虽然先得到了高位，但紧接着就会为了后面到来的灾祸而哭嚎不已，如同在田边丢失了牛，一定会有凶险。《象传》也说，身为旅行者，却想要居于高位，那就相当于引火自焚。

上九
九五
六四
九三
九二
初六

巽 卦

巽：小亨，利有攸往，利见大人。

初六，进退，利武人之贞。

九二，巽在床下，用史巫纷若，吉，无咎。

九三，频巽，吝。

六四，悔亡，田获三品。

九五，贞吉，悔亡，无不利，无初有终。先庚三日，后庚三日，吉。

上九，巽在床下，丧其资斧，贞凶。

《巽》卦象征谦顺：小事亨通，前往有利，见大人有利。

"巽"有谨慎逊顺之意。

初六

谦顺过度而犹豫，进退无所适从，勇武之人守持贞正则有利。

**爻意分析**

初六爻在《巽》卦之始，以柔居阳，上邻九二爻之阳刚，外应六四爻之阴柔。九二爻与六四爻一刚一柔，造成了初六爻谦卑顺从得过分，以至于不知是进是退。

初六，进退，利武人之贞。

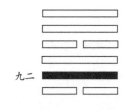

九二

谦顺地伏于床下，如祝史、巫觋一样谦卑地侍奉于上就能大获吉祥，无咎害。

**爻意分析**

九二爻以阳居阴，有卑顺过头之象，应该持守中道，居于下卦之中位就做到居中守正，才能够没有咎害，大获吉祥。

九二，巽在床下，用史巫纷若，吉，无咎。

九三

## 爻意分析

九三爻以阳居阳，居位得正，本应该有所作为，又为六四爻阴爻所乘，所以心中郁结难舒，只能忍屈顺从。《象传》也说九三爻的志向穷困不振，导致了勉强顺从，而将有令自己憾惜的事情发生。

皱眉不乐地勉强谦顺，必有悔憾。

九三，频巽，吝。

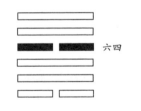

六四

## 爻意分析

六四爻为上卦之始，和九三爻成既济之势，所以一开始的悔恨会消除。六四爻能以其阴柔之德去顺从九五爻阳爻的刚毅，那么他的行为一定会有所收获，而且收获会非常丰富。

悔恨消失，打猎获得多种猎物。

六四，悔亡，田获三品。

坚守正固吉祥，悔恨消失，没有不利，事情开局不妙，但会有好结果。在象征变更的庚日前三天发布新令，在庚日后三天实行，必获吉祥。

九五

### 爻意分析

九五爻是《巽》卦之尊爻。只要能够守中正固，坚持到底，一定能够获得吉祥。

九五，贞吉，悔亡，无不利，无初有终。先庚三日，后庚三日，吉。

惊恐地躲伏床下，丢了资财，坚守正固以防凶险。

上九

### 爻意分析

上九爻位于《巽》卦之极，过于顺从以至于失去了自己的中道，所以爻辞劝勉上九爻要持守中正，以免遭凶险。

上九，巽在床下，丧其资斧，贞凶。

上六
九五
九四
六三
九二
初九

兑 卦

兑：亨，利贞。

初九，和兑，吉。

九二，孚兑，吉，悔亡。

六三，来兑，凶。

九四，商兑未宁，介疾有喜。

九五，孚于剥，有厉。

上六，引兑。

《兑》卦象征和悦：亨通，利于守持正固。

君子以与人民和悦相处的精神来引导民众前进。

和气待人，吉祥。

初九，和兑，吉。

初九

### 爻意分析

"兑"是欣悦的意思。平和欣悦地对待别人，是吉兆。君子为人处世，对人对事都能够恭谦有礼，心态平和欣悦，是会带来吉祥的。初九爻以阳刚居下，体禀阳刚，温顺有礼，行为端正，不会遭人猜忌。

诚实欣悦待人，吉祥，悔恨消失。

九二，孚兑，吉，悔亡。

九二

### 爻意分析

九二爻以阳居阴，居位不正，因此行事必会有所悔恨，但是处于下卦中位，因此能够守持中正。胸中怀着诚信待人、欣悦对人的想法，就会获得吉祥，令人悔恨遗憾的事情也就不会发生了。

六三

### 爻意分析

六三爻位于下卦之终，本就是阴爻处阳位，居位不当，继续谋求欣悦即为凶兆。

主动曲意逢迎取悦于人，凶险。

六三，来兑，凶。

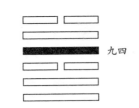

九四

### 爻意分析

与人商议斟酌欣悦之事，来回奔走，反复思量，身心均得不到安宁。九四爻能够像隔断疾患一样，离开邪恶之人，所以一定也会有喜庆的事情发生。《象传》说九四爻的喜兆是有值得庆祝的事情发生。

商谈尚未定下来的事，心中很不安宁，要是隔断疾患一样的邪恶之人，则有喜事。

九四，商兑未宁，介疾有喜。

相信消剥阳气的小人，有危险。

九五，孚于剥，有厉。

### 爻意分析

九五爻阳爻居于阳位，又在上卦的中位，居位中正阳刚，但是九五爻与上六爻相邻近，易受之引诱而亲信之，因此可能会有危险的事情发生。

引诱他人与之相悦，有危险。

上六，引兑。

上六

### 爻意分析

上六爻位于《兑》卦之极，下面是九四爻和九五爻两个阳爻，当《兑》卦之时，有阴柔小人牵引着阳刚者共享欢乐之象。《象传》以此定论，欣悦之道未能发扬光大。

| | |
|---|---|
| 上九 | 涣：亨，王假有庙。利涉大川，利贞。 |
| 九五 | 初六，用拯马壮，吉。 |
| 六四 | 九二，涣奔其机，悔亡。 |
| 六三 | 六三，涣其躬，无悔。 |
| 九二 | 六四，涣其群，元吉。涣有丘，匪夷所思。 |
| 初六 | 九五，涣汗其大号，涣王居，无咎。 |
| | 上九，涣其血，去逖出，无咎。 |

## 涣 卦

《涣》卦象征涣散：亨通，君主亲临宗庙祭祀以诚聚民心。渡大河有利，守持正道有利。

王假有庙。

利涉大川，意谓聚合人力，上下同心协力，可以大有作为，利于涉险济难。

涣散时有壮马搭救，吉祥。

初六，用拯马壮，吉。

初六

## 爻意分析

初六爻居于《涣》卦之初，以其阴柔之质难以济涣向前，但是初六爻能够与九二爻相应和，借助九二爻这匹阳刚壮马之力，平安渡过洪水而不至于离散，是为吉祥之兆。《象传》中也说初六爻之吉，是因为"顺也"，即顺承九二爻。

涣散之时，奔向几案，要找到一个安身之所，悔恨消失。

九二，涣奔其机，悔亡。

九二

## 爻意分析

九二爻处于涣散之时，将初六爻看作可以依凭的几案，阴阳相合，涣散的事物得以相聚，悔恨则得以消除。

六三

散其私心，献身于事业，无悔。

## 爻意分析

六三爻身为阴爻而居阳位，向上能够与上九爻应和，同心协力救助涣散之局面，故能摆脱险境。

六三，涣其躬，无悔。

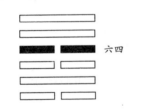

六四

涣散朋党，大吉。涣散小群，聚成山丘似的大群，这不是一般人能想到的。

## 爻意分析

天下人心涣散时，天下人各结朋党，不能够齐心协力。六四爻却可以将一个个小的群落重新聚集起来，就像是一座座小山丘汇聚成一座高大巍峨的峻岭，这不是平常人能够想到的。六四爻以阴居阴，居位得正，内心有柔顺美好的品德。

六四，涣其群，元吉。涣有丘，匪夷所思。

像发散汗水一样发布号令，广散王的积财以聚合人心，无害。

九五

九五，涣汗其大号，涣王居，无咎。

## 爻意分析

九五爻尊居君位，阳刚中正，在《涣》卦之时，能够像发汗一般地发号施令，又能散发积蓄收获民心，因而无过。

涣散之极的忧患消失，保持警惕，无害。

上九

上九，涣其血，去逖出，无咎。

## 爻意分析

上九爻居于《涣》卦之终，物极必反，这个时候已经不用再担心涣散所带来的灾难。上九爻以阳爻居于上卦最上，距离坎险之地已经很远了。上九爻远离了可能会受伤的场所，因此没有咎害。

上六
九五
六四
六三
九二
初九

节 卦

节：亨。苦节，不可贞。

初九，不出户庭，无咎。

九二，不出门庭，凶。

六三，不节若，则嗟若，无咎。

六四，安节，亨。

九五，甘节，吉，往有尚。

上六，苦节，贞凶，悔亡。

《节》卦象征节制：亨通。过分节制也是不可以的，应持正适中。

节制应当适度，如果节制太过，会使人感到痛苦。

节制自守，居家不出户庭，无害。

初九

**爻意分析**

初九爻阳爻居阳位，阳刚得正。初九爻位于《节》卦之始，向上应和六四爻，却有九二爻阻拦，但持中自守，不轻举妄动，因此没有咎害。

初九，不出户庭，无咎。

自拘于节制，不出门庭，凶险。

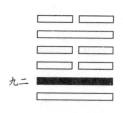

九二

**爻意分析**

九二爻阳爻居阴位，为节制所拘束。六三爻、六四爻皆为阴爻，不足以阻碍九二爻向上奋进，但九二爻却不知变通，固守不出，因而错失良机而遭遇灾凶。

九二，不出门庭，凶。

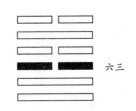

六三

### 爻意分析

　　六三爻阴爻居阳位，不得其正，又身在两个阳爻之上，容易骄奢浪费，不知道节制。但六三爻在下卦的最上，本身柔顺和悦，能够意识到自己的问题，及时醒悟、反省，所以《象传》也感慨：能为自己的不节制而感伤忏悔，谁又能忍心施加咎害呢？

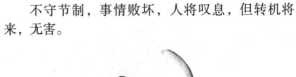

不守节制，事情败坏，人将叹息，但转机将来，无害。

六三，不节若，则嗟若，无咎。

六四

### 爻意分析

　　六四爻为阴爻，居阴位，柔顺得正，又在九五爻之下，能够顺承九五爻尊位，安行节制之道，因而得以亨通。

安于节制，亨通。

六四，安节，亨。

甘于节制，吉祥，前往得尊尚。

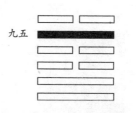

九五

九五，甘节，吉，往有尚。

九五爻处全卦之尊位，又以阳爻之身居阳位，处上卦之中位，阳刚得正。在《节》卦之中九五爻有节制之德，能恰如其分地施行节制，使人甘之如饴。

行事过分节制，利于守持正固以防凶险，但转机将来，悔恨消失。

上六

上六，苦节，贞凶，悔亡。

上六爻居于《节》卦之极，因此有节制过分之象。但上六爻是以阴居阴，阴柔得正，因此守正就可防止凶险。

上九
九五
六四
六三
九二
初九

中孚卦

中孚：豚鱼，吉。利涉大川，利贞。

初九，虞吉，有它不燕。

九二，鸣鹤在阴，其子和之。我有好爵，吾与尔靡之。

六三，得敌，或鼓或罢，或泣或歌。

六四，月几望，马匹亡，无咎。

九五，有孚挛如，无咎。

上九，翰音登于天，贞凶。

《中孚》卦象征内心要诚信：诚信到能感动小猪和鱼，吉祥。渡大河有利，有利于守持正固。

利涉大川。

心中安守诚信，吉祥，别有他求则心中不安。

初九

## 爻意分析

初九爻以阳爻之身居阳位，居位得正。处于《中孚》卦之初，安守诚信就可以获得吉祥。

初九，虞吉，有它不燕。

鹤在树荫下鸣叫，它的同类来应和。两者诚信相合，就像我有美酒，与你共饮。

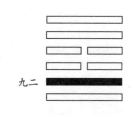

九二

## 爻意分析

九二阳爻处于阴位，阳刚居中，有诚信笃厚之质，以内心美好的德行与九五爻相应和，君臣相同。九二爻凭借内在的良好德行，得到了初九爻的附和。

九二，鸣鹤在阴，其子和之。我有好爵，吾与尔靡之。

六三

## 爻意分析

六三爻以阴爻之身居阳位，居位不当，阴柔失正，内心失去诚信，所以事情发生变故时，才不能做到处变不惊。《象传》中也说六三爻"位不当"，才造成了"或鼓或罢"的情况。

用心不诚，而自树敌手，有时击鼓进攻，有时停止攻击，有时畏敌而自生悲泣，有时轻敌而发出欢歌。

六三，得敌，或鼓或罢，或泣或歌。

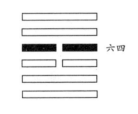

六四

## 爻意分析

六四爻身为阴爻居阴位，又处在《中孚》卦之中，因此柔顺居正，本应该与初九爻应和，却"马匹失"而以其阴柔之质应和九五爻，阴阳相依相和，因而无咎。

此爻象征其地位甚佳如接近阴历十五时的月亮，但由于心不诚不专而致使马匹丢失，但终能找回，若能专诚则无害。

六四，月几望，马匹亡，无咎。

诚信一以贯之，无祸害。

九五

九五，有孚挛如，无咎。

## 爻意分析

九五爻阳爻居阳位，又在上卦中位，刚直守中。九五爻具备诚实守信的美德，是《中孚》卦中能够持续不断地坚守着诚信之心的一爻。

鸡鸣声上达于天，虚有声名，当守持正固以防凶险。

上九，翰音登于天，贞凶。

上九

## 爻意分析

上九爻为阳爻，处阴位，居位不正，还处在《中孚》卦之极，诚信衰而虚伪起，因此上九爻飞升，想要鸣而求信，是不能长久的。

上六　六五　九四　九三　六二　初六

## 小过卦

小过：亨，利贞。可小事，不可大事。飞鸟遗之音，不宜上，宜下，大吉。

初六，飞鸟以凶。

六二，过其祖，遇其妣。不及其君，遇其臣，无咎。

九三，弗过防之，从或戕（qiāng）之，凶。

九四，无咎，弗过遇之；往厉必戒，勿用，永贞。

六五，密云不雨，自我西郊；公弋取彼在穴。

上六，弗遇过之；飞鸟离之，凶，是谓灾眚。

《小过》卦象征小有过度：亨通，有利于守持正固。可做小事，不可做大事。飞鸟欲留声，不宜向上飞太高，宜向下飞低，谦逊务实，如此可获大吉祥。

处在小过之时，守持正道，运用"矫枉过正"之理，那么在事物稍微越过中道之时，即能返回正道。

飞鸟飞过，所过太甚有凶险。

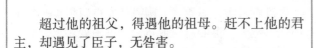

初六，飞鸟以凶。

初六

## 爻意分析

鸟儿飞过，留下哀鸣的声音。这时候鸟儿应该向下休息，却逆势向上飞翔，因此会有凶险。初六爻为阴爻，处于《小过》卦之始，阴柔而位卑，本应该向下，但却为了迎合九四爻，而逆势向上。

超过他的祖父，得遇他的祖母。赶不上他的君主，却遇见了臣子，无咎害。

六二，过其祖，遇其妣。不及其君，遇其臣，无咎。

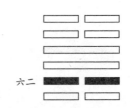

六二

## 爻意分析

六二爻为阴爻，居于阴位，得其正位，又因处于下卦的中位，所处是阴之正位，若能够安守其道，拥有美好的内德，则于上能够恭敬君主，于下可以使君臣和谐。

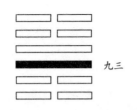

九三

## 爻意分析

九三爻阳居阳位，以刚居正，又上接九四爻，过于阳刚，因而是《小过》卦中众阴爻所欲伤害的对象。因此，即便自身没有错误，也应该多加防范，因为自身刚正有力而疏于周防，而会受到伤害。

没犯错时就要进行防范了，纵容他有时会害他，有凶险。

九三，弗过防之，从或戕之，凶。

九四

## 爻意分析

九四爻向下能与初六爻相互应和，阴阳互补，因而无咎，但因其以阳爻居阴位，居位不当，没有危险的情况并不能长久。

没有祸害，不要过分刚强就能得遇阴柔；急于前往有危险，务必有所戒备，不可施展才干，要永远守持贞正。

九四，无咎，弗过遇之；往厉必戒，勿用，永贞。

浓云不下雨，从西郊飘来；公侯射兽，在洞穴中捉到了猎物。

六五，密云不雨，自我西郊；公弋取彼在穴。

六五

### 爻意分析

六五爻以阴爻之身居于全卦尊位，向下又没有阳爻相应，就好比天空中乌云密布，但是因为没有阳爻相应而无法下雨。六五爻与六二爻同为阴爻，不能相互应和，是为阴阳不和。

不能遇合阳刚却超越阳刚太甚；好似飞鸟遭到射杀，有凶险，这就是灾祸。

上六，弗遇过之；飞鸟离之，凶，是谓灾眚。

上六

### 爻意分析

上六爻是阴爻，居阴位，又在上卦的最上，可谓处阴之极，就像是鸟儿飞向天空，如果飞得太快，就容易难以控制，最后招来灾祸。

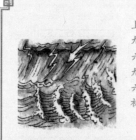

| | |
|---|---|
| 上六 | |
| 九五 | |
| 六四 | |
| 九三 | |
| 六二 | |
| 初九 | |

**既济卦**

既济：亨小，利贞；初吉终乱。

初九，曳其轮，濡其尾，无咎。

六二，妇丧其茀（fú），勿逐，七日得。

九三，高宗伐鬼方，三年克之，小人勿用。

六四，繻（rú）有衣袽（rú），终日戒。

九五，东邻杀牛，不如西邻之禴祭，实受其福。

上六，濡其首，厉。

《既济》卦象征事已成：连柔小者也都能得到亨通，守持贞正有利；否则起初吉祥，终成祸乱。

事情已成，连柔小者都能获得亨通。

"初吉终乱"告诫人们要居安思危，慎终如始。

拉动车轮（过河），（河水）沾湿了车尾，无害。

初九，曳其轮，濡其尾，无咎。

初九

### 爻意分析

初九爻为阳爻，处于《既济》卦之始，与位于阴位的六四爻相互应和，然而作为《既济》卦的初始之爻，不能过于激进，应以稳定为主，因此，拽住车尾使之不猛行，方可没有咎害。

妇女丢了首饰，不必寻找，七天内会失而复得。

六二，妇丧其茀，勿逐，七日得。

六二

### 爻意分析

六二爻为阴爻，处于下卦中位，阴爻居阴位，又与上面的九五爻阴阳相应，有后妃命妇的尊贵，象征着阴柔的六二爻既能够持守中正，又能与象征阳刚的君主九五爻相处融洽，所以就算丢失了也能够再次得到。

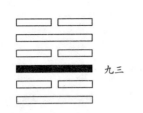

九三

## 爻意分析

九三爻为阳爻，以阳刚之质居离卦的上位，是光明磊落之象，又以阳居阳位，因而秉性刚烈，易有躁进之象。九三爻与上六爻相应，上六爻可能就是乱邦小人，九三爻应该慎重小心，不受上六爻的影响，以免重刚失中，贪功忘民。

殷高宗讨伐鬼方，几年后打败了它，不要任用小人。

九三，高宗伐鬼方，三年克之，小人勿用。

六四

## 爻意分析

六四爻以阴居阴位，本是正位，向下呼应初六爻，向上辅佐九五爻，本是吉祥之象，但是六四爻已经进入到了坎险之中，既济已经达到了，就会向反方向转化。

华美的衣服将变成破敝的衣服，要整天警惕。

六四，繻有衣袽，终日戒。

东邻杀牛厚祭，不如西邻微薄的禴祭能确实地得到神的赐福。

九五

九五，东邻杀牛，不如西邻之禴祭，实受其福。

**爻意分析**

九五爻是阳爻，居阳位，又处于《既济》卦的尊位，阳刚中正，有君临天下之象。其上下均为阴柔之爻，阳刚之爻陷于阴坎之中，应以此为戒，不因志成物丰而骄奢浪费。

小狐狸过河，沾湿了头部，危险。

上六

上六，濡其首，厉。

**爻意分析**

上六爻位于《既济》卦之极，本就十分危险，而上六爻又是阴爻，以阴柔之力居坎险之上，就会有过河沾湿头部之象，应该引以为戒，不然会有危险。

上九
六五
九四
六三
九二
初六

未济卦

未济：亨。小狐汔（qì）济，濡其尾，无攸利。

初六，濡其尾，吝。

九二，曳其轮，贞吉。

六三，未济，征凶，利涉大川。

九四，贞吉，悔亡；震用伐鬼方，三年，有赏于大国。

六五，贞吉，无悔；君子之光，有孚吉。

上九，有孚于饮酒，无咎；濡其首，有孚失是。

《未济》卦象征事未成之时：努力可致亨通。如果不慎像小狐狸几乎渡水成功时，沾湿了尾巴，则无利可得。

《未济》卦卦象为小狐狸几乎渡水成功时，沾湿了尾巴。

未济就是还没有渡过河的意思，象征事情未完成。

小狐狸沾湿了尾巴，必有遗憾。

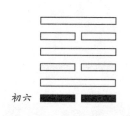

初六

### 爻意分析

狐狸不会游泳，却想过河，水虽然不深，但是仍然沾湿了尾巴。初六爻为阴爻，却居于阳位，刚柔不当位，有急于与九四爻遥相呼应之意。未济乃未完成，以初六爻为始，初六爻还在卦之初，处坎险之始，明知有险仍然急于向前。

初六，濡其尾，吝。

（事未成之时）拖曳住车轮不使急行，守持贞正可获吉祥。

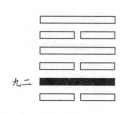

九二

### 爻意分析

车子在过河时，拉住车子的轮子，让它缓慢而稳定地前行，吉祥。意为在情势险要且不明朗的情况下，应当守中固正，行事持中而没有偏颇。九二爻为阳爻，却居于阴位，处于下卦中位，与六五爻相应和。阳能包阴持柔，因此九二爻为辅政之爻。

九二，曳其轮，贞吉。

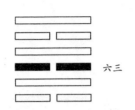

六三

渡水失败，争于前进则凶险，渡大河有利。

六三，未济，征凶，利涉大川。

## 爻意分析

没有渡过河，急于求成必会有凶险，利于涉越大江河流以摆脱凶险，意为凶难之时，切忌焦躁冒进，可以寻求帮助，与人同舟共济，共渡难关。六三爻为阴爻，居阳位，又处在下坎的最上，以阴柔之力身居险位，固不可躁进，"征"必有"凶"。

九四

守持贞正可获吉祥，悔恨消失；以雷霆之势讨伐鬼方，三年后，得以被封赏为大国诸侯。

九四，贞吉，悔亡；震用伐鬼方，三年，有赏于大国。

## 爻意分析

九四爻是阳爻，处于上卦之始，有自济之力，虽然身为阳爻而居于阴位，阴阳倒置，失正而产生悔意，但是九四爻已经走出坎险，混乱的局面即将结束。九四爻最终可经过自身努力，使志向达成，进而使悔恨消除。

守持贞正可获吉祥，没有悔恨；君子的光荣是做人有诚信，吉祥。

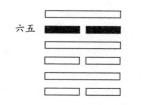

六五

六五，贞吉，无悔；君子之光，有孚吉。

### 爻意分析

六五爻阴爻居于阳位，又处君主之位，居位不正，本应有悔恨之意，但是因为居在中位，又与九二爻相互应和，因此若是能为文明之主，以诚信待九四爻这样的刚毅之臣，又能得到九二爻的辅助，那么即便处在未济的情境，也能够破除污浊，重建秩序。

怀着诚信之心饮酒，无灾害；饮酒得意忘形，浇湿了脑袋，纵然为人诚信，也有失正道。

上九

上九，有孚于饮酒，无咎；濡其首，有孚失是。

### 爻意分析

上九爻为阳爻，处于阴位，是重要的转折。六五爻中"有孚"则"吉"，而爻辞则告诫上九爻，"有孚"亦应有度，若无限制、无条件地给予信任，那么"濡其首"那样的灾难就又会重现。《象传》曰"不知节也"，是为不知节制。